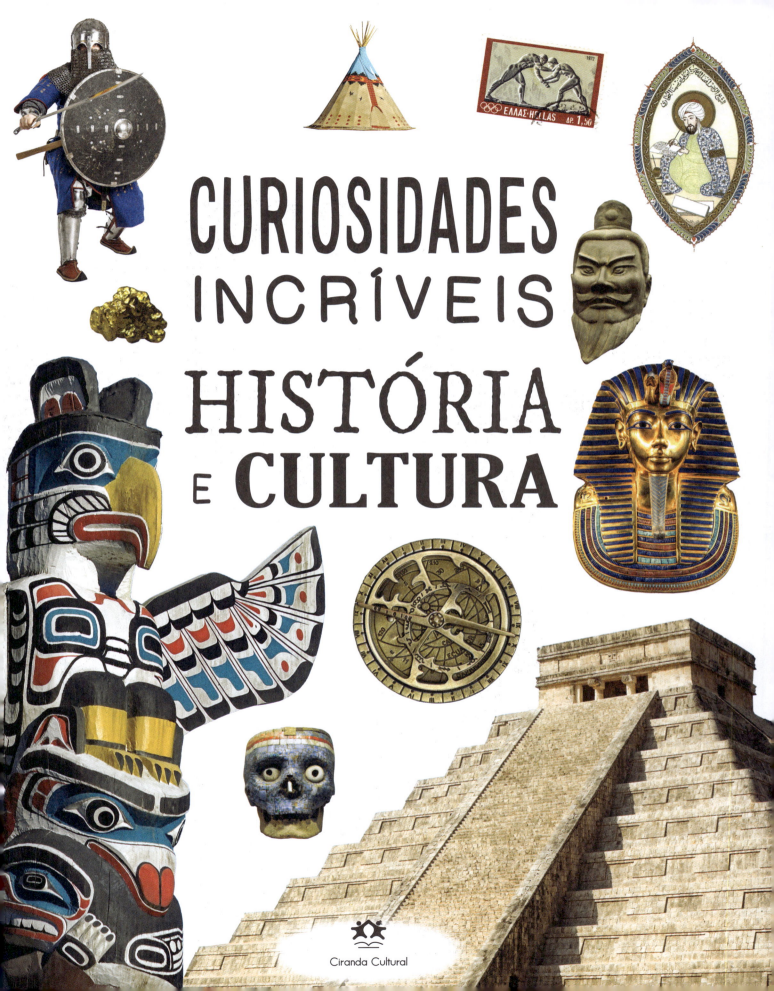

CURIOSIDADES INCRÍVEIS
HISTÓRIA E CULTURA

Ciranda Cultural

SUMÁRIO

O INÍCIO DA CIVILIZAÇÃO..4

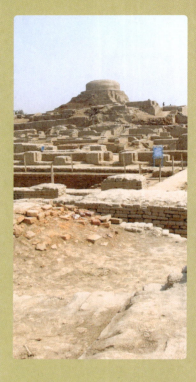

RELIGIÃO E CULTURA..14

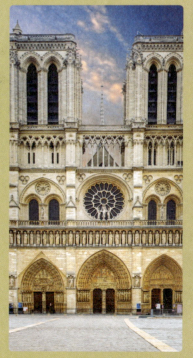

ANTIGUIDADE..32

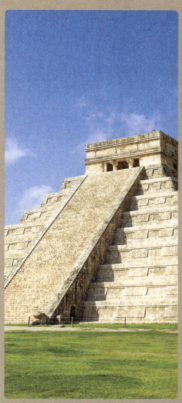

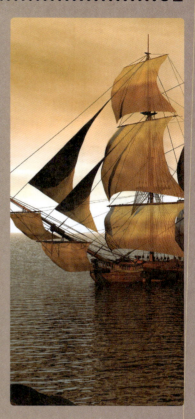

SOCIEDADE MODERNA..48

4 — A ORIGEM DOS SERES HUMANOS

QUANDO SURGIRAM OS PRIMEIROS SERES HUMANOS?

Embora criaturas semelhantes aos seres humanos existam há milhões de anos, os primeiros seres humanos civilizados surgiram há cerca de 300 mil anos. As primeiras criaturas, chamadas hominídeos, eram de muitos tipos diferentes. Eles eram mais parecidos com macacos, pois tinham os braços longos e as mandíbulas grandes. Entretanto, evoluíram e se tornaram cada vez mais humanos ao longo do tempo.

Hominideo semelhante a um macaco

QUEM ERAM OS NEANDERTAIS?

Os seres humanos pertencem a um grupo de mamíferos chamado *Homo sapiens*, que significa "homem sábio". Surgindo há cerca de 120 mil anos, os Neandertais foram a primeira espécie de *Homo sapiens*. Eles tinham um cérebro maior que seus ancestrais e um corpo forte e musculoso. Ainda não se sabe o motivo de os Neandertais terem sido extintos.

Representação de um Neandertal fazendo fogo

Curiosidade: QUEM FORAM OS PRIMEIROS HOMINÍDEOS?

Australopithecus

Os hominídeos, chamados *Australopithecus*, existiram há cerca de 4 milhões de anos, no continente africano. O termo *Australopithecus* significa "macaco do sul" e refere-se à espécie intermediária entre os macacos e os seres humanos. Assim como os seres humanos, a maioria dos macacos do sul andava de forma ereta e tinha pouco mais de um metro de altura. Além disso, essa espécie tinha um cérebro pequeno, uma mandíbula de macaco, um corpo peludo e se alimentava de frutas e vegetais. Os hominídeos começaram a se espalhar para outros continentes há cerca de 2 milhões de anos.

O INÍCIO DA CIVILIZAÇÃO | 5

QUEM ERA LUCY?

Em 1974, em Hadar, na Etiópia, os paleoantropólogos - cientistas que estudam fósseis de hominídeos – Donald Johanson e Tom Gray encontraram o esqueleto parcial do primeiro hominídeo conhecido naquela época. O estudo do fóssil de Lucy, como foi chamada pelos pesquisadores, levou a uma descoberta: o andar ereto evoluiu muito antes de os hominídeos usarem ferramentas de pedra e antes de seus cérebros expandirem. Lucy viveu há 3,2 milhões de anos

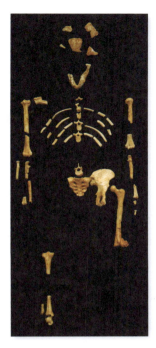

Esqueleto parcial fossilizado de Lucy.

QUIZ rápido!

OS NEANDERTAIS USAVAM ROUPAS?

Eles provavelmente vestiam capas rústicas feitas de pele de animais.

Representação de neandertais vestidos com peles de animais

OS PRIMEIROS SERES HUMANOS CAÇAVAM DINOSSAUROS?

Não. Os dinossauros foram extintos muito antes do surgimento dos seres humanos.

QUAL É A PINTURA RUPESTRE MAIS ANTIGA JÁ ENCONTRADA?

Uma pintura de porcos selvagens e búfalos de 44 mil anos, feita em uma caverna em Celebes do Sul, na Indonésia.

QUAL CIÊNCIA ESTUDA A ORIGEM DOS HUMANOS?

Antropogenia.

QUEM FORAM OS PRIMEIROS CAÇADORES?

Homo erectus

Os primeiros hominídeos tinham uma alimentação vegetariana, como os macacos. Entre 1,5 e 2 milhões de anos atrás, surgiu o *Homo erectus,* que significa "homem ereto". Essa espécie caçava e se alimentava de carne. Além disso, desenvolveu a habilidade de cozinhar em fogueiras e caçar com lanças de madeira. O *Homo erectus* foi a primeira espécie a se deslocar para outros continentes, saindo da África. Foram encontrados restos mortais da espécie em lugares bem distantes, como na Rússia e na Indonésia.

QUANDO FORAM CRIADAS AS PRIMEIRAS FERRAMENTAS?

Há cerca de 2 milhões de anos, o hominídeo *Homo habilis* ou "homem hábil" desenvolveu a habilidade de usar ferramentas - embora haja evidências da existência de ferramentas rudimentares muito antes do surgimento da espécie. O *Homo habilis* tinha um cérebro grande e era capaz de cortar peles, fazer roupas e picar alimentos com o auxílio de ferramentas. A espécie vivia no continente africano.

Homo habilis

O QUE FOI A IDADE DA PEDRA?

Há cerca de 5.500 anos, os seres humanos faziam suas ferramentas de pedra, antes de descobrirem como moldá-las em bronze. Todo esse período entre a época das primeiras ferramentas de pedra, há 3,3 milhões de anos, até o início da Idade do Bronze, há 5.500 anos, é chamado de Idade da Pedra.

COMO A AGRICULTURA TRANSFORMOU A HISTÓRIA DA HUMANIDADE?

Quando os seres humanos começaram a desenvolver o cultivo da terra, tornando-se menos dependentes de plantas selvagens, nasceu a agricultura, que é a ciência do cultivo. Há 12 mil anos, o domínio do cultivo de alimentos permitiu aos seres humanos fixarem moradia, em vez de seguirem um estilo de vida nômade. Dessa maneira, a agricultura se tornou a base da civilização, e o curso da história mudou para sempre.

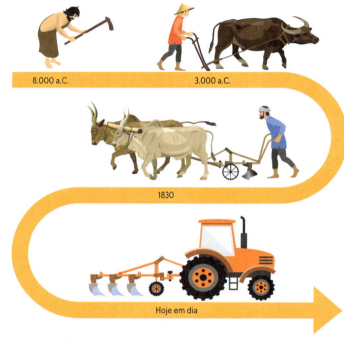

Linha do tempo do desenvolvimento da agricultura até os dias de hoje

Curiosidade:
QUAIS FORAM OS PRIMEIROS ALIMENTOS COLHIDOS?

Evidências arqueológicas sugerem que grãos e frutas silvestres foram colhidos e consumidos por volta de 20 mil a.C. As primeiras fazendas foram criadas no Oriente Médio há mais ou menos 10 mil anos. Os oito primeiros tipos de plantações domesticados (cultivados) foram: farro, einkorn, cevada, ervilha, lentilha, ervilhaca amarga, grão-de-bico e linho. Essas plantações são chamadas de culturas fundadoras do Neolítico e foram introduzidas nas regiões do Oriente Médio e do Mediterrâneo. O trigo foi a primeira cultura a ser domesticada e colhida em grande escala.

Farro

O INÍCIO DA CIVILIZAÇÃO

QUAIS FORAM AS PRIMEIRAS INVENÇÕES?

O machado de mão acheuliano é uma ferramenta feita a partir de uma rocha triangular com o formato de folha. Esse machado é a ferramenta mais antiga já encontrada e provavelmente era usada para abater animais. Descoberta no Quênia, data de aproximadamente 1,7 milhão de anos! Enquanto a descoberta de como acender e controlar o fogo pelos humanos foi feita há aproximadamente 300 mil anos. Depois de fixarem moradia, começaram a desenvolver mais objetos para facilitar a vida. Entre as primeiras invenções estavam os recipientes de barro para transportar água ou cozinhar.

Machado de mão acheuliano

QUANDO OS ANIMAIS FORAM DOMESTICADOS?

Em um período em que todos os animais corriam livremente, os seres humanos perceberam que a possibilidade de controlá-los traria benefícios. Isso marcou o início das parcerias entre humanos e animais. O hábito de usar cães para a caça teve início há cerca de 30 mil anos. Quando a agricultura se tornou mais popular, os seres humanos começaram a domesticar e criar alguns animais, como bovinos e ovinos (carneiros e ovelhas), e a usá-los em sua produção.

Pintura de gado domesticado no Egito Antigo

POR QUE A INVENÇÃO DA RODA MARCOU A HISTÓRIA DA HUMANIDADE?

A roda proporcionou muitas mudanças na humanidade. As primeiras rodas serviram para produzir cerâmicas. Porém, há cerca de 5.200 anos, rodas mais resistentes foram usadas para facilitar o transporte. As pessoas descobriram que elas tornavam as viagens mais rápidas e podiam até transportar cargas. Esse cenário incentivou o comércio e a indústria. Além disso, as pessoas começaram a se deslocar como viajantes e exploradores.

Roda de madeira

QUIZ rápido!

ONDE O ARROZ FOI CULTIVADO PELA PRIMEIRA VEZ?

Na atual bacia do rio Yangtzé, na China.

Mulher cuidando de uma plantação de arroz.

EM QUE LUGAR O CULTIVO DO MILHO TEVE INÍCIO?

Na região conhecida atualmente como México, há 9 mil anos.

Milho cultivado

QUAIS FORAM OS PRIMEIROS FRUTOS CULTIVADOS POR SERES HUMANOS?

Tâmaras, azeitonas, uvas, figos e romãs, entre 6 mil e 3 mil a.C.

Tamareira

QUANDO FOI A IDADE DA PEDRA?

Foi o período entre 3,3 milhões de anos atrás até cerca de 3 mil a.C.

EM QUE PERÍODO OCORREU A IDADE DO BRONZE?

Entre os anos 3.300 a.C. e 1.200 a.C.

QUAL É A CIDADE MAIS ANTIGA DO MUNDO?

Não há como ter certeza disso, mas Jericó, uma cidade palestina situada na região da Cisjordânia, em Israel, é uma das mais antigas. As ruínas de algumas muralhas da cidade datam de mais de 11 mil anos. Provavelmente, havia estruturas maciças feitas de pedra de até sete metros de altura. Evidências arqueológicas sugerem que muitas outras cidades no Oriente Médio datam de 7 mil anos atrás.

As antigas muralhas da cidade de Jericó, na região da Cisjordânia, em Israel

Curiosidade: COMO ERAM AS PRIMEIRAS CIDADES?

Çatalhöyük, na Turquia

Quando os primeiros seres humanos começaram a fixar moradia, provavelmente se juntaram em pequenos grupos. À medida que o número de pessoas aumentou, os pequenos assentamentos cresceram e alguns tornaram-se vilas e cidades. As primeiras cidades tinham um modo de vida altamente organizado, com regras e leis, além de um sistema de escrita.

A civilização do Vale do Indo, no sul da Ásia ocidental, tinha cidades grandes e planejadas com mais de 50 mil habitantes. Outra cidade que está entre as mais antigas do mundo é Çatalhöyük, na Turquia, com vestígios de 6.250 a.C. As casas dessa cidade tinham uma característica interessante: a entrada era através de um buraco em um telhado parecido com uma laje!

HAVIA CIDADES PLANEJADAS NO VALE DO INDO?

A civilização do Vale do Indo (atual Afeganistão, Paquistão e Índia) ocupava mais de mil cidades e assentamentos, principalmente ao redor do rio Indo e de seus afluentes. As cidades contavam com saneamento e coleta de lixo, além de celeiros e banheiros públicos. Muitas delas eram cercadas por grandes muralhas e outras constituíam cidadelas. A cidade portuária Lothal tinha até um estaleiro.

Estupa em Mohenjo-daro, da Civilização do Vale do Indo

O INÍCIO DA CIVILIZAÇÃO | 9

QUEM CRIOU OS PRIMEIROS TERRAÇOS VERDES?

Afresco de um rei de Ur, na Suméria

Há 6 mil anos, a civilização da Suméria começou a prosperar nas terras férteis entre os rios Tigre e Eufrates, no atual Iraque. Os sumérios construíram as grandes cidades de Ur e Eridu. Um dos monumentos centrais de Ur era o Zigurate, uma estrutura semelhante a uma pirâmide, que era usada como templo. Árvores, flores e jardins exuberantes ocupavam os terraços do enorme Zigurate e proporcionavam um local fresco e com sombra para os visitantes descansarem.

HAVIA CIDADES NA CHINA ANTIGA?

A civilização chinesa teve início no vale do Rio Amarelo, por volta de 10 mil a.C. As primeiras cidades surgiram em Banpo, entre 4.800 e 3.750 a.C. Banpo tinha casas redondas feitas de madeira e barro com telhados de palha. A cidade foi cercada por um fosso para proteção contra invasores hostis.

Vale do Rio Amarelo, na China

QUIZ rápido!

ONDE ESTÃO LOCALIZADAS AS ANTIGAS CIDADES **HARAPPA E MOHENJO-DARO**?

Essas cidades faziam parte da civilização do Vale do Indo.

Ruínas da cidade de Harappa, da civilização do Vale do Indo

QUAL **ANTIGA CIDADE FOI ESCULPIDA NA PEDRA DO DESERTO**?

Petra, na Jordânia.

Grande Templo em Petra – Jordânia

QUAL **CIVILIZAÇÃO ANTIGA SURGIU EM CRETA**?

A Minoica, entre 3 mil e 1.100 a.C.

EM QUE PERÍODO A CIVILIZAÇÃO DO **NORTE CHICO DO PERU EXISTIU**?

Ela remonta a 3.500 a.C, permanecendo até cerca de 1.800 a.C.

QUAL FOI A PRIMEIRA EXPEDIÇÃO A NAVEGAR AO REDOR DO MUNDO?

Em setembro de 1519, o explorador português Fernão de Magalhães liderou pela primeira vez uma expedição espanhola ao redor do mundo. Ele navegou para o oeste acompanhado de uma frota de cinco navios, cruzando com sucesso o Oceano Atlântico e o Oceano Pacífico. Magalhães foi morto perto da região onde, atualmente, estão localizadas as Filipinas. Em setembro de 1522, um navegador dessa expedição, Juan Sebastián Elcano, retornou à Espanha com o que restou da frota: um navio e 18 homens apenas.

Representação da morte de Fernão de Magalhães

QUEM FORAM OS PRIMEIROS COLONOS EUROPEUS NA AMÉRICA DO NORTE?

Pedro Menéndez estabeleceu o primeiro assentamento europeu, que recebeu o nome de St. Augustine (Santo Agostino, em português), na Flórida, em 1540. A Espanha havia reivindicado a área alegando que o explorador Juan Ponce de León desembarcou no território em 1513. No entanto, os britânicos, que chegaram na América do Norte em 1607, tiveram muito mais sucesso em impor sua presença na região.

Forte em St. Augustine, na Flórida, nos Estados Unidos

Curiosidade: QUEM DESCOBRIU A NOVA ZELÂNDIA?

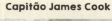

Capitão James Cook

Os primeiros colonos nas ilhas da Nova Zelândia eram povos tribais polinésios de Hawaiki, ancestrais do povo Maori. As lendas Maori dizem que Kupe, pescador e chefe do Hawaiki, descobriu as ilhas enquanto explorava o Oceano Pacífico. Entretanto, o primeiro dos exploradores europeus a chegar na região foi o navegador holandês Abel Tasman, em dezembro de 1642. Ele chamou a terra de "Nieuw Zeeland". Em 1769, o capitão naval britânico James Cook também desembarcou na área, expandindo ainda mais a colonização europeia.

O INÍCIO DA CIVILIZAÇÃO | 11

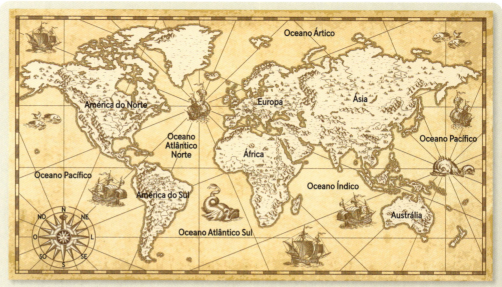

Antigo mapa do mundo

COMO OS MARINHEIROS CONTRIBUÍRAM PARA A CIÊNCIA?

Aqueles que navegaram por mares desconhecidos abriram as portas para muitas descobertas. Os exploradores viram coisas novas, fizeram observações e recolheram informações. Além disso, coletaram espécimes de plantas, animais e solo. Muitas vezes, as expedições contavam com a presença de artistas e cientistas que faziam registros detalhados com o objetivo de expandir o conhecimento científico. A preparação para tais viagens também incentivou o pensamento científico e as invenções.

HÁ QUANTO TEMPO OS ABORÍGINES VIVEM NA AUSTRÁLIA?

As várias nações aborígenes australianas, que têm as suas próprias línguas e culturas, são descendentes de pessoas que partiram da Ásia, há 60 mil anos, e fizeram dessa grande ilha, que compõe o menor continente do mundo, o seu lar.

QUIZ rápido!

POR QUE CRISTÓVÃO COLOMBO É TÃO FAMOSO?

Ele foi considerado o primeiro europeu a chegar à América.

Pintura de Cristóvão Colombo

QUEM NOMEOU O OCEANO PACÍFICO?

O explorador português Fernão de Magalhães chamou-o de Mar Pacífico, que significa "mar calmo", porque as águas estavam tranquilas durante sua navegação.

QUANTOS QUILÔMETROS VOCÊ TERIA DE NAVEGAR PARA DAR A VOLTA AO MUNDO?

Pelo menos 40 mil quilômetros.

COMO OS ANTIGOS MARINHEIROS NAVEGAVAM?

A referência para a navegação era o Sol, durante o dia, e a Estrela Polar, à noite.

Gravura de Fernão de Magalhães

AMÉRICA DO NORTE

QUEM FORAM OS PRIMEIROS COLONOS NA AMÉRICA DO NORTE?

Grupo de nativos americanos

A evidência mais antiga de colonização vem dos ancestrais dos nativos americanos de hoje, há quase 14 mil anos. Eles pertenciam a povos nômades da Ásia que entraram no continente pelo Alasca. Antes de os europeus desembarcarem na América do Norte, os nativos americanos já estavam bem estabelecidos em múltiplas comunidades, com populações que variavam entre 10 mil e 200 mil habitantes.

Ligação entre a Ásia e a América do Norte

QUANDO OS ESTADOS UNIDOS SE TORNARAM UM PAÍS INDEPENDENTE?

Em 4 de julho de 1776, 13 colônias inglesas fizeram uma declaração de independência do domínio britânico para criar a própria nação: os Estados Unidos da América. Mais tarde, a Grã-Bretanha enviou tropas para retomar as colônias, mas elas foram derrotadas em 1783.

Sino da Liberdade, na Filadélfia - Estados Unidos

O QUE É UM TOTEM?

A palavra totem significa "um espírito guardião mítico". Os totens são troncos esculpidos e pintados como uma expressão de respeito. Criados pelos nativos americanos do noroeste dos Estados Unidos e do Canadá, os totens foram montados verticalmente no solo, com o objetivo de retratar diversos animais ou espíritos, além de serem uma releitura de lendas.

Totem

O INÍCIO DA CIVILIZAÇÃO | 13

COMO ERA A VIDA DOS NATIVOS AMERICANOS?

Os nativos americanos eram caçadores-coletores, bem como agricultores. Eles criavam cães e usavam lanças, arpões, arcos e flechas, entre outras armas feitas de pedra. Também cultivavam uma variedade de plantas e domesticavam perus, lhamas e alpacas. Os povos nativos americanos eram muito diversos – os do Ártico eram bem diferentes daqueles que viviam nas planícies.

Cavaleiro nativo americano

QUIZ rápido!

QUEM VIVIA EM TENDAS NAS GRANDES PLANÍCIES?

Os povos nativos americanos, como os Sioux e os Cheyenne.

Tenda tribal na América do Norte

O QUE É O SINO DA LIBERDADE?

Localizado na Filadélfia, é um sino icônico que foi tocado em 1776 para declarar a independência dos Estados Unidos da América.

POR QUE O BISONTE FOI TÃO IMPORTANTE PARA OS NATIVOS AMERICANOS DAS PLANÍCIES?

A sobrevivência deles dependia disto: da carne à pele, cada parte do bisonte era aproveitada.

Bisontes em um descampado

QUEM SÃO OS VAQUEIROS?

São pessoas que trabalham em fazendas, cuidando do gado, e que são exímios cavaleiros.

Vaqueiro ou peão montado em um cavalo

Curiosidade: QUANDO OS EUROPEUS SE ESTABELECERAM NA AMÉRICA DO NORTE?

Os exploradores espanhóis foram os primeiros a se estabelecer na América do Norte, tendo invadido e colonizado os atuais estados da Flórida e Califórnia a partir de 1513. Enquanto os espanhóis expandiam seu controle na região sul, em 1524, os franceses viajaram pela Carolina do Norte até o atual porto de Nova Iorque. Porém, em 1565, os espanhóis destruíram as colônias francesas. Sir Walter Raleigh estabeleceu a primeira colônia britânica na Carolina do Norte, em 1585, embora não tenha se saído muito bem. Apenas em 1607, quando foi criada uma colônia britânica em Jamestown (no atual estado da Virgínia), que uma nova era começou.

Estátua de Sir Walter Raleigh, em Greenwich, Londres, na Inglaterra

PESSOAS DO MUNDO

O QUE SÃO GRUPOS ÉTNICOS?

Pessoas que pertencem à mesma área geográfica, cultura ou nacionalidade podem ser descritas como um grupo étnico. Além disso, elas frequentemente compartilham a mesma história e idiomas. Por exemplo, pessoas que vêm do Japão, ou têm ancestrais de lá, são chamadas de japoneses. O povo Han é um grupo étnico do Leste Asiático, nativo da China.

O povo Han constitui o maior grupo étnico do mundo, com aproximadamente 18% da população global. Atualmente, muitos grupos étnicos coexistem.

QUIZ rápido!

Maori

QUEM SÃO OS **MAORI**?
As primeiras pessoas que se estabeleceram na Nova Zelândia, há cerca de mil anos.

Mulher inuíte

QUEM SÃO OS **INUÍTES**?
Povos indígenas que habitam as regiões árticas da Groenlândia, do Alasca e do Canadá.

Família malaia

QUEM SÃO OS **MALAIOS**?
Povos nativos da Península Malaia, do leste de Sumatra e da costa de Bornéu, assim como das ilhas menores entre esses locais.

RELIGIÃO E CULTURA | 15

QUAIS SÃO OS LOCAIS MAIS POPULOSOS DO MUNDO?

As grandes cidades de países pequenos tendem a ficar superlotadas, à medida que milhões de pessoas se deslocam para os centros urbanos em busca de emprego e de um local melhor para viver. Bangladesh é um dos países mais populosos do mundo, com mais de mil pessoas por quilômetro quadrado.

Cidade de Daca, em Bangladesh

QUEM SÃO OS NÔMADES?

Nômades são pessoas que não têm residência fixa e viajam de um lugar para outro com todos os seus pertences, construindo novos lares onde quer que parem. Os beduínos do Saara, os mongóis da Ásia e os massai da África são exemplos de povos nômades.

Mongóis da Ásia Central

Curiosidade:
QUANTAS PESSOAS EXISTEM NO MUNDO?

Um mundo cheio de pessoas

Atualmente, há mais de 8 bilhões de pessoas no mundo. O primeiro bilhão foi alcançado por volta de 1800, e a população mundial continuou a aumentar rapidamente desde então. Durante o século XX, a população humana cresceu de 1,65 bilhão para 6 bilhões! Desde o início do século XXI, a taxa de natalidade diminuiu, e acredita-se que a população aumentará a um ritmo muito mais lento a partir de agora, podendo atingir o pico de 11 bilhões em 2100.

QUAL PAÍS TEM A MAIOR POPULAÇÃO MUNDIAL?

Mais de 1,4 bilhão de pessoas vivem atualmente na China, o que é mais do que em qualquer outro lugar do mundo. A maioria das pessoas de lá vive nas grandes cidades do leste e do sul. Mesmo sendo um país tão populoso, existem regiões no extremo oeste que são habitadas por poucas pessoas, como é o caso do deserto de Gobi.

Praça lotada na China

RELIGIÃO

Peregrinos em oração na Grande Mesquita de Meca, na Arábia Saudita

QUEM SÃO OS PEREGRINOS?

Em todo o mundo, pessoas de diferentes religiões viajam para lugares sagrados, muitas vezes em uma viagem longa e difícil, como um ritual para testar e demonstrar a sua crença. Essas pessoas são conhecidas como peregrinos.

Curiosidade: QUAL CIDADE É CONSIDERADA SANTA PARA TRÊS RELIGIÕES?

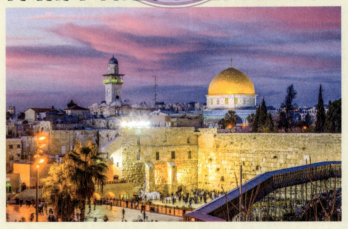

Cidade Antiga de Jerusalém, em Israel

Jerusalém, em Israel, é uma cidade sagrada para o judaísmo, o islamismo e o cristianismo. Os locais sagrados de Jerusalém incluem o Muro das Lamentações, no Bairro Judeu. Esse local é reverenciado pelo povo judaico que acredita tratar-se das ruínas do antigo Templo de Salomão. Para os cristãos, a Igreja do Santo Sepulcro, local do túmulo de Jesus, é o lugar mais sagrado. A Cúpula da Rocha, chamada Al-Haram ash-Sharif, é o local sagrado para os muçulmanos, onde, de acordo com eles, seria o lugar de onde o profeta Maomé partiu em sua viagem para o céu.

QUEM FOI CONFÚCIO?

Confúcio, também conhecido como Kong Qiu, foi um filósofo cujos ensinamentos guiaram o povo e o governo da China durante séculos. Esse grande estudioso viveu de 551 a 479 a.C. e ressaltou a importância da educação para todos. O confucionismo influenciou o modo de vida de países como China, Coreia, Japão e Vietnã.

Os ensinamentos de Confúcio

RELIGIÃO E CULTURA 17

QUAIS SEGUIDORES RELIGIOSOS COBREM AS BOCAS?

Monges e monjas da religião jainista, na Índia, cobrem a boca com máscaras. Eles praticam a não violência e evitam ferir até mesmo um inseto que possa voar para dentro de suas bocas quando descobertas.

Monjas jainistas

QUEM HONRA OS CINCO "K'S"?

Os seguidores do Siquismo, religião fundada pelo Guru Nanak, em Punjab, na Índia, usam cinco itens que honram sua fé e começam com a letra k. *Kesh* (cabelo não cortado), *kanga* (pente para carregar consigo), *kara* (uma pulseira de metal), *kirpan* (pequena adaga) e *kaccha* (espécie de roupa íntima).

Homem sikh

O QUE É XINTOÍSMO?

Também conhecida como *Kami-no-michi*, essa antiga religião do Japão é baseada no respeito à natureza. O xintoísmo não tem fundador nem escrituras sagradas, mas apenas crenças transmitidas de geração em geração.

Portão para um santuário xintoísta

QUIZ rápido!

Muçulmanos quebram o jejum após o anoitecer durante o Ramadã.

QUEM JEJUA DURANTE O RAMADÃ?

Os muçulmanos mantêm um jejum rigoroso do amanhecer ao anoitecer, durante o mês sagrado do Ramadã.

Placas Ema penduradas

O QUE SÃO AS PLACAS EMA?

Placas Ema são feitas de madeira com pedidos escritos. Essas placas são penduradas em santuários xintoístas.

Grupo de Parses

QUEM SÃO OS PARSES?

Os seguidores do zoroastrismo, religião que começou no antigo Irã.

O QUE É TAOÍSMO?

Uma crença chinesa fundada por Lao Tse, há cerca de 2.500 anos.

O QUE É O ISLÃ?

Os seguidores da religião islâmica, chamados de muçulmanos, orientam sua crença pela escritura sagrada: o Alcorão. O culto dessa religião é realizado em uma mesquita. Segundo os muçulmanos, o profeta Maomé recebeu a palavra de Deus e a proclamou para o povo da Arábia no século VII. Para eles, Alá é o único Deus verdadeiro.

A Grande Mesquita de Meca, na Arábia Saudita

Exemplo de caligrafia islâmica

Curiosidade:
QUAL ERA O TAMANHO DO MUNDO ISLÂMICO NA IDADE MÉDIA?

Na Idade Média, mais ou menos entre 700 e 1.200 d.C., o mundo islâmico era composto por muitos reinos e regiões diferentes, o que conferia a essa religião um grande poder e alta cultura. O povo muçulmano era governado por líderes religiosos, entre eles, líderes militares islâmicos, que conquistaram e expandiram o seu domínio a terras desde o sul da Espanha até o noroeste da Índia. Os comerciantes islâmicos viajaram para lugares distantes, como o sul da África, a China e a Rússia, negociando seda, marfim e especiarias.

O QUE É UM ASTROLÁBIO?

Astrolábio

Originário da Grécia antiga, o astrolábio é um instrumento científico que foi aperfeiçoado por astrônomos islâmicos da Idade Média. Foi transformado em uma ferramenta surpreendente, pois possibilitou calcular o nascer e o pôr do sol, saber a posição dos planetas e das estrelas, e mensurar o tempo.

QUAL ERA É CONHECIDA COMO A ERA DE OURO DO ISLÃ?

Página do Alcorão (Corão)

O período entre 750 e 1.258 d.C., quando os Abássidas detiveram o poder na Arábia, é conhecido como a "era de ouro do Islã". As conquistas na ciência, medicina, literatura e filosofia atingiram seu auge no mundo islâmico durante essa época. No entanto, em 1258, os mongóis tomaram Bagdá, encerrando a era de ouro.

RELIGIÃO E CULTURA | 19

O QUE FORAM AS CRUZADAS?

Travadas no fim do século XI, as Cruzadas foram uma série de guerras religiosas entre soldados cristãos e muçulmanos, com o objetivo de conquistar Jerusalém (a Terra Santa). Oito grandes Cruzadas ocorreram entre 1096 e 1291, culminando no domínio das potências do Oriente Médio.

A Cúpula da Rocha, em Jerusalém, Israel

O QUE É ARTE ISLÂMICA?

O termo "arte islâmica" se refere a toda a arte, como artesanato e arquitetura, criada por artesãos muçulmanos em todo o mundo. A caligrafia, a arte da escrita decorativa, também é uma parte importante da arte islâmica e teve início com as palavras manuscritas do Alcorão Sagrado. A arte islâmica também apresenta muitos padrões geométricos e desenhos florais que decoram tapetes, cerâmicas, livros e artefatos de metal.

Mesquita congregacional, em Herat, Afeganistão

QUIZ rápido!

QUEM MORAVA NA CIDADE REDONDA?

Os cidadãos de Bagdá.

Monumento Al-Shaheed em Bagdá

O QUE É E ONDE FICA LA MESQUITA?

É a Grande Mesquita de Córdoba, localizada na Espanha. Foi construída em 784 d.C. e convertida em uma catedral cristã no século XIII.

Interior de La Mesquita

QUEM FOI AVICENA?

Chamado *Ibn Sina*, em árabe, ele é considerado um dos cientistas e filósofos mais importantes da era de ouro.

Pintura de Avicena

QUANTO TEMPO DUROU O IMPÉRIO OTOMANO?

Quase 700 anos.

COMO A CHINA RECEBEU ESSE NOME?

Os registros da civilização chinesa datam da dinastia Shang, de 1.600 a.C., mas foi em 221 a.C. que o imperador Qin Shi Huang estabeleceu a dinastia Qin. Essa dinastia foi responsável por unificar o país em um império que durou até 206 a.C. e, por causa disso, o nome do país, "China", é derivado de Qin, que se pronuncia "Chin".

Detalhe da escultura do Imperador Qin Shi Huang

QUEM CONSTRUIU O PAVILHÃO DOURADO?

Kinkaku-ji, o templo do Pavilhão Dourado, localizado em Quioto, no Japão, foi construído, em 1397, com a finalidade de abrigar a casa de repouso do xógum (chefe militar supremo) Ashikaga Yoshimitsu. Após sua morte, o lugar foi convertido em um templo zen-budista. O templo, coberto de folhas de ouro, situa-se em uma bela paisagem natural.

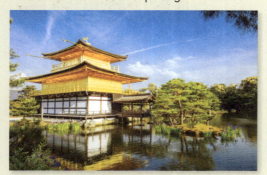

Kinkaku-ji, no Japão

HÁ QUANTO TEMPO EXISTE A CIVILIZAÇÃO JAPONESA?

É difícil dizer há quanto tempo as pessoas vivem no Japão. As primeiras peças de cerâmica encontradas na região datam do período Jomon, de 10 mil a.C. A dinastia do Império do Sol do Japão foi estabelecida em 660 a.C. O atual imperador, Naruhito, é aceito como descendente do primeiro imperador japonês, Jimmu, que se dizia descender da deusa do sol Amaterasu.

Cerâmica Jomon

COMO A CHINA PROSPEROU?

Durante séculos, a China foi uma das civilizações mais avançadas do mundo. Afinal, os chineses fizeram grandes progressos na agricultura e na engenharia. Eles cavaram uma vasta rede de canais de irrigação e criaram bombas d'água que eram acionadas com os pés para regar os campos, tornando suas terras mais produtivas. Além disso, conheciam os segredos da produção de seda, a partir dos bichos-da-seda, e comercializavam esse tecido com o mundo ocidental, o que os tornou muito ricos. Sob as dinastias Tang e Song (618-1.279 d.C.), a cidade chinesa Changan (atual Xiam) era uma das maiores do mundo.

RELIGIÃO E CULTURA

O QUE É O **EXÉRCITO DE TERRACOTA?**

Quando o túmulo do imperador Qin Shi Huang, localizado na cidade de Xiam, na China, foi escavado, um enorme complexo funerário subterrâneo foi descoberto. Composto de esculturas de um exército de mais de 7 mil soldados de terracota em tamanho natural – cada um com rosto e roupas únicos –, além de cavalos, carruagens, armaduras e armas. Acredita-se que o imperador era obcecado pela ideia da imortalidade e desejava superar a morte.

Esculturas de terracota de alguns dos guerreiros do complexo funerário

QUIZ rápido!

ONDE ESTÁ LOCALIZADA A **CIDADE PROIBIDA?**

A Cidade Proibida fica em Pequim, na China. Essa cidade é formada por um grande complexo palaciano, que foi construído e ampliado pelos imperadores da dinastia Ming, a partir de 1406.

A Cidade Proibida, na China

QUEM FORAM OS **XÓGUNS?**

Eles foram governantes militares no Japão, entre 1185 e 1868.

QUAL É O NOME DA CHINA EM MANDARIM?

Zhongguo, que significa "Reino Médio".

Curiosidade: QUEM FORAM OS SAMURAIS?

A palavra samurai significa "aqueles que servem". Os samurais eram guerreiros japoneses que ascenderam ao poder e mudaram seu status no século XII. Eles seguiam um rigido código de honra, disciplina e moralidade. Para os samurais, a honra importava mais do que a vida, por isso, preferiam se matar do que serem derrotados em uma luta.

Ilustração de um guerreiro samurai

A ROUPA PODE IDENTIFICAR UMA PESSOA?

Hoje em dia, muitas pessoas em todo o mundo costumam vestir camisetas e calças jeans. No entanto, existem vários países e locais no mundo onde ainda se usam roupas tradicionais que refletem a cultura de uma área específica. Em muitas culturas, as roupas indicam a posição social ou religiosa de uma pessoa, ou mesmo seu estado civil. Além disso, algumas roupas são reservadas para festivais ou ocasiões especiais, tais como casamentos. Outras são usadas como vestimenta casual ou formal.

Mulher vestindo um quimono japonês

Evzones guardando o palácio

OS EVZONES USAM UNIFORMES MODERNOS?

Evzones são os membros da guardas de honra do palácio presidencial da Grécia. Em geral, eles são do exército grego. Eles usam o uniforme criado no século XIX, que inclui saia branca, calças de lã bem justas e boina com borla.

Curiosidade:
O QUE É UM *KILT*?

Homem usando *kilt* como parte do traje tradicional escocês

Um *kilt* é uma peça de roupa na altura dos joelhos, tradicionalmente usada pelos homens da Escócia, assim como por mulheres e meninas. Feito de lã, tem pregas fixas e é usado como saia. O tecido xadrez colorido e listrado de um *kilt* é chamado de tartã (ou tartan). Um tipo de alfinete de *kilt* mantém o traje no lugar. O kilt é acompanhado por uma pequena bolsa de couro ou pele, que se usa em volta da cintura, chamada *sporran*.

RELIGIÃO E CULTURA 23

COMO A BOINA FRANCESA SE TORNOU UM ÍCONE DA MODA?

No século XVII, pastores e camponeses faziam chapéus de lã achatados e flexíveis como uma opção barata para cobrir a cabeça do frio. Artistas como Rembrandt popularizaram essas boinas por meio de seus autorretratos. No século XX, a boina se tornou tendência, sendo usada por atrizes e outras personalidades. Curiosamente, a boina também foi o acessório preferido de revolucionários e heróis de guerra.

Mulher usando boina francesa.

O QUE SÃO OS CALÇADOS CLOG?

Calçados *clogs* feitos de madeira

Clogs são um tipo de tamanco feitos de madeira usados por camponeses em muitas partes da Europa. Apesar disso, os holandeses têm uma relação muito especial com esses sapatos, que eram feitos de uma única peça de madeira de amieiro (espécie de árvore comum em regiões temperadas e úmidas). Tanto homens quanto mulheres usavam esses calçados para se protegerem contra intempéries (mau tempo ou tempestade). Os agricultores na Holanda usam os tamancos até hoje.

O QUE AS PESSOAS VESTEM NO *SING-SING*?

Sing-sing é um festival de fantasias, música e dança realizado em Papua-Nova Guiné. Trata-se de um evento espetacular que começou em 1957 e conta com a participação de mais de 100 tribos de todo o país. Os participantes usam trajes especiais, joias e penas elaboradas, e pintam o rosto para simbolizar o espírito da natureza.

Participantes caracterizados para o Festival Sing-sing.

QUIZ rápido!

O QUE É UM *GHO*?

É um vestido tradicional usado pelos homens do Butão, que consiste em uma túnica na altura dos joelhos amarrado com uma faixa chamada *kera*.

Homem vestindo um *gho*.

O QUE É UMA *SHAPKA USHANKA*?

Um gorro de pele russo com protetores de orelha, próprio para suportar o frio extremo.

Homem usando *shapka ushanka*.

EM QUE LUGAR DO MUNDO AS MULHERES USAM CHAPÉUS ALTOS DE RENDA?

As mulheres na Bretanha, no noroeste da França, usam chapéus em forma de chaminé.

Mulher usando chapéu bretão de renda.

QUEM INTRODUZIU OS TERNOS FEITOS SOB MEDIDA NO MUNDO?

George Bryan "Beau" Brummell, na Londres do século XIX.

DO QUE AS ROUPAS SÃO FEITAS?

Casaco tradicional inuíte feito de pele de foca e caribu

As roupas são feitas de todos os tipos de materiais. Os tecidos de fibras naturais, como algodão ou jeans, são provenientes de plantas. Outros tecidos, como lã, seda, couro e peles, têm origem animal. Já os tecidos sintéticos, como poliéster e náilon, são derivados de petróleo, que é um combustível fóssil.

COMO SE VESTE UM TUAREGUE?

Os tuaregues são um grupo étnico nômade do deserto do Saara, no norte da África. Os homens, também chamados de "homens azuis do Saara", usam um véu azul bem característico para se protegerem do calor escaldante – que muitas vezes ultrapassa os 50°C – e da areia seca.

Homens usando roupas tuaregues.

Curiosidade: QUAL É A HISTÓRIA POR TRÁS DO JEANS?

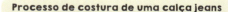

Processo de costura de uma calça jeans

Jacob Davis projetou o formato da calça e Levi Strauss forneceu o tecido, e assim os dois inventaram o jeans, em 1873. Davis fez as calças para um de seus clientes, que queria uma peça de roupa resistente e adequada para trabalho pesado. Os jeans eram feitos de um material chamado ganga (*denim*, em inglês), e a cor azulada vinha de uma tintura importada da Índia. Para torná-las mais resistentes, Davis colocou rebites de cobre nos locais onde as calças costumam rasgar: bolsos e fechos.

RELIGIÃO E CULTURA | 25

O QUE É *BATIK*?

Inventado no Sudeste Asiático, o *batik* é uma técnica de tingimento artesanal de tecidos. Uma cera é aplicada no tecido seguindo um padrão ou um desenho. Em seguida, o tecido é coberto com tinta e, apenas as partes onde não há cera, são tingidas. *Batik* é uma forma de arte nacional na Indonésia, e os padrões usados são transmitidos através de gerações de artesãos.

Processo de tingimento através do *batik*

DE ONDE VÊM OS CHAPÉUS PANAMÁ?

Os chapéus Panamá foram feitos pela primeira vez no Equador, entrelaçando as folhas da palmeira toquilla (planta nativa do Equador). Entretanto, a exportação desses chapéus para o mundo começou no Panamá, o que levou o chapéu a ser conhecido pelo nome dessa cidade. Se você observar atentamente o chapéu, vai perceber que as fibras de palma são muito bem tecidas em padrões de espinha de peixe ou diamante.

Chapéu Panamá

QUAL CIDADE É CONSIDERADA A CAPITAL MUNDIAL DA MODA?

Paris, na França, tem sido o centro da moda há centenas de anos. Outras cidades, como Milão, Londres, Nova Iorque também se tornaram famosas por sua alta costura e ficaram conhecidas por apresentarem desfiles de novas modas de designers inovadores.

Desfile de moda em Londres, Inglaterra

QUIZ rápido!

O QUE É UM *SARAFAN*?

Uma vestimenta longa tradicional usada pelas meninas russas, que cobre o corpo do pescoço aos pés.

Mulher usando *sarafan* tradicional sentada no descampado.

O QUE É UM *SOMBRERO*?

O chapéu de aba larga comum no México.

Garoto usando um *sombrero*.

QUAIS POVOS SÃO CONHECIDOS POR USAR UM CHAPÉU CÔNICO?

Geralmente são usados por agricultores na China, no Japão, na Coreia, no Vietnã e outros países do Sudeste Asiático.

Agricultor usando chapéu cônico tradicional durante o trabalho.

QUAL É A ORIGEM DO *DASHIKI*?

O *dashiki* é uma vestimenta colorida usada principalmente na África Ocidental.

POR QUE AS FESTAS SÃO CELEBRADAS?

As festas são ocasiões para expressar alegria. Algumas marcam eventos religiosos importantes, como as festas natalinas, que celebram o nascimento de Jesus Cristo. Já outros não são de natureza religiosa, mas celebram eventos como o Navroz (o Ano Novo Parse) e a chegada da primavera. Há também festivais cujo objetivo é apenas a diversão, como o La Tomatina, realizada na Espanha, em que os participantes atiram tomates maduros uns nos outros!

Festa La Tomatina, em Buñol, Espanha

Festival da água, em Mianmar

ONDE É REALIZADO O FESTIVAL THINGYAN?

Thingyan é o maior festival de Mianmar, realizado em meados de abril para celebrar o Ano Novo. Os birmaneses (grupo étnico) acreditam que Thagyamin, o rei dos *nats* (espíritos), desce à Terra nessa época e sumariza as boas ou más ações das pessoas no ano passado. Na véspera da festa, as pessoas jogam água umas nas outras.

Curiosidade: O QUE É O FESTIVAL DAS LUZES?

Grupo de pessoas celebrando o Diwali.

O festival hindu Diwali, celebrado principalmente na Índia, é chamado de "festival das luzes", pois fileiras de lamparinas a óleo, velas e luzes elétricas cintilantes são acesas pelas pessoas dentro e fora de suas casas. O antigo festival celebra o retorno do deus hindu Rama ao seu reino. A deusa da boa sorte, Lakshmi, também é adorada nesse festival e, por isso, os fogos de artifício são disparados em sua homenagem.

RELIGIÃO E CULTURA 27

O QUE É CHANUCÁ/HANUCÁ?

Hanucá é uma palavra de origem hebraica que significa "tornar algo sagrado". O festival que leva o mesmo nome dura oito dias. É também um festival de luzes, pois as famílias acendem uma vela nova todos os dias em um castiçal especial chamado menorá. O Hanucá celebra a retomada do templo sagrado judaico, em Jerusalém, nos tempos antigos. Durante as festividades, os judeus leem as escrituras, cantam os hinos e doam valores em dinheiro para os pobres.

Homem judeu acendendo a menorá.

ONDE ACONTECE A TRADICIONAL DANÇA DOS DRAGÕES?

Pessoas fazendo a dança do dragão no Ano Novo chinês.

O dragão é um símbolo de poder e sorte na cultura chinesa. No Ano-Novo chinês, longas figuras de dragões, confeccionadas em tecido ou plástico, são carregadas por pessoas que dançam e movimentam as figuras pelas ruas. Fogos de artifício também são lançados com o objetivo de espantar os maus espíritos.

QUAL É A ORIGEM DO HALLOWEEN?

Essa divertida celebração tem origem no festival Samhain, dos antigos celtas. Os celtas acreditavam que, durante esse festival, os espíritos dos mortos voltavam para visitar suas casas, e que os espíritos daqueles que morreram no ano anterior peregrinariam pela terra antes de irem ao seu destino, o outro mundo.

Crianças com trajes modernos de Halloween

QUIZ rápido!

O QUE É VESAK?

É um importante festival budista que marca o nascimento de Buda.

Celebração do Vesak

EXISTE UM FESTIVAL DO QUEIJO?

Sim, é a Corrida do Queijo de Cooper's Hill, perto de Gloucester, na Inglaterra.

Rolando queijo ladeira abaixo

EM QUE LUGAR DO MUNDO HÁ ARANHAS ARTIFICIAIS PENDURADAS EM ÁRVORES DE NATAL?

Na Ucrânia.

Detalhe da decoração de aranhas

ONDE É CELEBRADO O DIA DO REI?

Na Holanda, comemora-se no Dia do Rei o aniversário do atual rei Willem-Alexander.

Celebração do Dia do Rei

MAIS FESTIVAIS

OS FESTIVAIS CELEBRAM A HISTÓRIA?

Sim, muitos países celebram a história, os eventos históricos e as personalidades por meio de festivais. O Dia da Independência Estadunidense é celebrado em todo o país com desfiles, fogos de artifício, concertos e piqueniques familiares.

Os festivais também podem celebrar a fundação de uma cidade. Em Lugo, na Espanha, os habitantes dão vida à sua história no festival Arde Lucus, que dura três dias, recriando a época de seu surgimento. Ao longo do festival, as pessoas se vestem a rigor e transformam a cidade na colônia romana original.

Dançarina de rua no festival MassKara, nas Filipinas

Curiosidade: O QUE É CARNAVAL?

Carnaval da Praça de São Marcos, em Veneza, Itália

O Carnaval é uma festa anual celebrada por meio de desfiles, atrações como barracas e feiras, música, comida e dança. As festas carnavalescas existem desde os tempos antigos. Durante o festival romano da Saturnália, dedicado ao deus Saturno, todas as regras sociais eram dispensadas por uma semana. Com isso, as pessoas, inclusive as escravizadas, podiam se comportar da maneira que quisessem. O Carnaval é também a época festiva que antecede a Quaresma (período cristão).

QUEM PODE OCUPAR A CADEIRA DO LÍDER?

Na Turquia, no dia 23 de abril, as pessoas comemoram a fundação da Grande Assembleia Nacional, que ocorreu em 1920. Também é um feriado que celebra o Dia das Crianças. Por isso, nesse dia, as crianças participam de uma reunião de gabinete no palácio presidencial. Entre elas, é escolhido um "presidente", que até se senta na cadeira do governante do país e se dirige ao povo.

Dia Internacional da Criança, na Turquia

RELIGIÃO E CULTURA 29

Feria de Abril, em Sevilha, Espanha

ONDE É REALIZADA A *FERIA DE ABRIL*?

Essa feira voltada para o comércio de gado é realizada em Sevilha, na Espanha. Uma cidade temporária de tendas é construída perto do rio Guadalquivir. Nesse dia, as pessoas se reúnem para assistir a danças flamencas e touradas. Além disso, há um desfile de cavalos andaluzes ao som de baladas e violão.

QUIZ rápido!

O QUE É *MARDI GRAS*?

É um carnaval com desfiles espetaculares – o realizado em Nova Orleans é especialmente famoso.

Desfile *Mardi Gras*

O QUE É UM *POWWOW*?

Um *powwow* é uma reunião entre o povo nativo americano dos Estados Unidos e das Primeiras Nações do Canadá. Pode ser realizado em um dia ou durante uma semana, com dança e música tradicional. Nesse evento, a batida dos tambores recebe especial importância.

Mulher dançando em um *powwow* anual.

QUEM USA VERDE NO DIA DE SÃO PATRÍCIO?

O povo irlandês, que celebra essa data como o seu dia nacional, uma vez que São Patrício é padroeiro da Irlanda.

Desfile do Dia de São Patrício

O QUE SÃO MÁSCARAS VENEZIANAS?

São máscaras ornamentadas usadas em Veneza durante os carnavais.

Máscaras venezianas

POR QUE O DIA 5 DE NOVEMBRO DEVE SER LEMBRADO NA INGLATERRA?

Em 5 de novembro de 1605, Guy Fawkes tentou explodir as Casas do Parlamento na Inglaterra, mas seu plano foi descoberto e interrompido. Há inclusive um poema sobre esse acontecimento, com os versos "Lembrai, lembrai do 5 de novembro...". Para relembrar esse dia, fogueiras são acesas todos os anos nessa data, na qual são queimadas figuras de Guy Fawkes e fogos de artifício são lançados.

QUAIS SÃO AS ARTES DE UM PAÍS?

Cada país é único em sua tradição e cultura. As artes expressam tais singularidades na forma da música tradicional e moderna, do teatro, da dança e das artes visuais, como pinturas e filmes. Por exemplo, os dançarinos de flamenco são tradicionalmente associados à Espanha, os cantores de ópera, à Itália, e os fantoches de Punch e Judy pertencem à Inglaterra.

Duplas de dançarinos de flamenco espanhol

ONDE SE DANÇA COMO OS DEUSES?

Em Kerala, um estado da Índia, há uma dança teatral chamada *Kathakali*. Nessa dança, os dançarinos usam maquiagens que se assemelham a máscaras, além de trajes e chapéus deslumbrantes, para representar histórias antigas envolvendo deuses e demônios. Alguns dos movimentos da dança são inspirados nas antigas artes marciais e nos esportes indianos.

Dançarino de *Kathakali*

Curiosidade: O QUE É CABÚQUI?

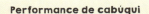

Performance de cabúqui

O cabúqui (*kabuki*) é uma forma de teatro tradicional japonês que combina dança, drama e música, acompanhados por cenários e adereços impressionantes. Os atores costumam usar figurinos e maquiagem brilhantes. A palavra *kabuki* pode ser dividida em três ideogramas: *ka* (canto), *bu* (dança) e *ki* (habilidade). No início do século XVII, Izumo no Okuni, uma sacerdotisa xintoísta, foi precursora da prática cabúqui na cidade de Quioto. Naquela época, um grupo exclusivamente feminino retratava personagens masculinos e femininos.

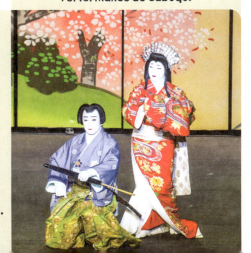

RELIGIÃO E CULTURA   31

QUEM FAZ PINTURAS DE AREIA?

A nação indígena Navajo do Arizona, Utah e Novo México, nos Estados Unidos, usa areia colorida para criar mil modelos diferentes de pintura. Essas pinturas de areia não são vistas apenas como arte, mas também são respeitadas como se fossem seres vivos, com importância espiritual.

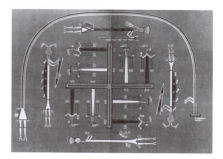
Pintura de areia Navajo

EXISTE MAIS DE UMA STRATFORD?

Sim. A cidade Stratford-upon-Avon, situada na Inglaterra, é conhecida por ser o local de nascimento de um grande dramaturgo e poeta do século XVI, William Shakespeare. Na província de Ontário, no Canadá, também há uma cidade chamada Stratford. Ela é famosa pelo Festival de Stratford, realizado todos os verões, e onde são encenadas peças em homenagem a Shakespeare. Além dessas, existem muitas outras cidades Stratfords espalhadas pelo mundo.

Festival de teatro de Stratford, em Ontário, Canadá

O QUE É A DANÇA MORRIS?

É uma dança folclórica inglesa que remonta ao século XV. Durante a performance, adereços como bastões, espadas e lenços de mão são manipulados por um grupo de dançarinos, que se deslocam ao som do acordeão e da bateria. Os dançarinos vestem coletes ou casacos de retalhos, além de chapéus e lenços de pescoço.

Dançarinos Morris se apresentando nas ruas

QUIZ rápido!

Utensílios com padrões de pintura Khokhloma

O QUE É A PINTURA KHOKHLOMA?

Uma forma de arte russa que consiste na pintura de padrões ou desenhos vibrantes em utensílios e móveis de madeira.

O QUE SÃO OS TAMBORES DE AÇO?

São instrumentos musicais, semelhantes a panelas, tocados por caribenhos durante os carnavais.

Grupo de pessoas tocando tambores de aço.

É VERDADE QUE EXISTEM NAVIOS CHAMADOS MORRIS DANCE?

Sim, dois navios da Marinha Real Britânica, datados do século XX, foram nomeados como *Morris Dance*, como referência à dança Morris.

QUEM ERAM OS VIKINGS?

Por volta de 800 e 1.100 d.C., vários guerreiros do mar, nativos de terras extremamente frias, como Noruega, Dinamarca e Suécia, deram início a viagens a outras regiões do mundo, como Grã-Bretanha, Europa, Islândia, Groenlândia e ilha de Terra Nova, com o objetivo de atacar e saquear assentamentos. Esses guerreiros ficaram conhecidos como vikings.

Guerreiro viking pronto para a batalha

Uma equipe de incursão viking

OS VIKINGS ERAM GUERREIROS FEROZES?

Sim, os vikings eram excelentes marinheiros e guerreiros ferozes. Eles navegaram por milhares de quilômetros, cruzando os oceanos gelados do Norte, em barcos abertos de madeira conhecidos como escaleres. Esses exploradores procuravam principalmente riquezas para saquear e atacavam os assentamentos de forma impiedosa, matando, queimando e levando embora tudo o que encontrassem

QUEM FOI LEIF ERIKSON?

Leif Eriksson foi um explorador viking destemido que navegou para o Oeste, partindo da Groenlândia, até chegar a um lugar que chamou de Vinlândia, por causa das uvas que cresciam no lugar. Vinlândia era provavelmente a região da atual Nova Brunswick, no Canadá. Filho de Erik, o Vermelho, acredita-se que Leif foi o primeiro europeu a descobrir e explorar a América do Norte.

ANTIGUIDADE 33

QUE OS VIKINGS CONSEGUIRAM COM SUAS INVASÕES?

Os vikings eram especialistas em ataques rápidos e inesperados. Eles coletaram todos os tipos de tesouros. Em 1840, em Lancashire, na Inglaterra, foi descoberto um tesouro de prata, composto por moedas e fivelas de cintos. Acredita-se que esse tesouro possa ter sido enterrado pelos vikings no século X. Além disso, os vikings não hesitavam em sequestrar pessoas para vendê-las como escravas.

Representação de invasores vikings

Curiosidade: O QUE SIGNIFICA "VIKING"?

Vik é uma palavra em nórdico antigo que significa "baia ou riacho". Essa palavra dá origem ao termo "viking", que significa "pirata". Os vikings eram considerados piratas, pois saqueavam mosteiros e ricos reinos europeus. Esse nome está ligado principalmente às suas ações. No entanto, nem todos os vikings eram piratas; alguns eram comerciantes e colonos. Os vikings não pertenciam a nenhuma tribo específica e, quando não estavam no mar, dedicavam-se, sobretudo, à agricultura.

Parte do tesouro viking que foi encontrado na Inglaterra

QUIZ rápido!

O QUE MARCOU O FIM DA ERA VIKING?

Na Inglaterra, a derrota do último rei viking, Harald Hardrada da Noruega, no século XI. Apesar disso, alguns vikings permaneceram até o século XV.

Busto do Rei Harald da Noruega

QUEM FOI ERIK, O VERMELHO?

Ele foi o fundador de um novo assentamento a oeste da Islândia. Erik nomeou esse lugar como Groenlândia.

OS VIKINGS ACREDITAVAM EM DEUS?

Eles acreditavam em muitos deuses, como Thor, Odin e Freia.

Representação do deus viking Odin

DO QUE ERAM FEITOS OS NAVIOS VIKING?

De tiras de madeira longas, estreitas e flexíveis, fixadas a uma espécie de espinha dorsal de madeira chamada quilha.

Navegação de escaleres vikings

QUÃO ANTIGO É O EGITO ANTIGO?

Afresco egípcio mostrando atividades agrícolas.

O Egito Antigo foi uma civilização majestosa que cresceu às margens do rio Nilo, no Nordeste da África, por volta de 3.100 a.C. O solo fértil ao longo do Nilo tornou o Egito uma área rica para a agricultura, impulsionando o comércio e contribuindo para uma prosperidade ainda maior, bem como para o desenvolvimento de uma civilização complexa e fascinante. Portanto, não é nenhuma surpresa que essa civilização tenha um campo de estudo completo dedicado a ela, chamado Egiptologia.

POR QUE AS PIRÂMIDES FORAM CONSTRUÍDAS?

As pirâmides foram construídas para resistirem ao tempo. Enormes blocos de pedra maciça foram transportados pelo deserto por milhares de trabalhadores. Artesãos esculpiram as pedras em blocos menores que foram, então, erguidos e encaixados em seu devido lugar. Acredita-se que os egípcios conheciam a técnica de molhar a areia na quantidade exata, facilitando o processo de arrastar os blocos de pedra.

Pirâmides de Gizé, nos arredores do Cairo, no Egito

Curiosidade: O QUE HAVIA DE TÃO ESPECIAL NA CULTURA DO EGITO ANTIGO?

Esfinge de Gizé, nos arredores do Cairo, no Egito

Essa civilização altamente desenvolvida destacou-se na arquitetura e em outros ofícios. Muitos dos seus sítios arqueológicos, incluindo a Grande Pirâmide e outros monumentos imponentes, permanecem em pé até hoje. Essas construções atestam os conhecimentos técnicos e a mobilização de uma força de trabalho vasta e bem organizada. Muitos monumentos também exibem fileiras de uma escrita complexa composta por imagens, conhecidas como hieróglifos. Os antigos egípcios veneravam muitos deuses, e o faraó, ou rei, era considerado um deus na terra. A bela arte egípcia retrata tanto seus deuses quanto a vida dos faraós.

HISTÓRIA ANTIGA | 35

POR QUE AS PIRÂMIDES FORAM CONSTRUÍDAS?

Devido à crença de que os faraós eram deuses humanos destinados a retornar aos céus após a morte, foram construídas tumbas, denominadas pirâmides, para servirem de câmaras funerárias. Nessas estruturas, diversos objetos importantes para o faraó eram depositados em seu interior.

Tesouros encontrados na tumba de Tutancâmon, no Vale dos Reis, próximo à cidade Luxor, no Egito

O QUE SÃO MÚMIAS?

As múmias são corpos preservados de faraós e nobres do Egito antigo. Após a morte, os corpos passavam por um processo altamente especializado de mumificação antes de serem colocados na tumba. Inicialmente, o corpo era cuidadosamente lavado e, após a retirada dos órgãos internos, embalado com sal e guardado até secar completamente. Então, a pele seca era tratada com óleos e poções, antes de ser envolvida em bandagens de linho embebidas em resina. Por fim, a múmia era colocada dentro de um caixão lindamente decorado, chamado de "sarcófago".

Uma múmia enrolada em linho

QUIZ rápido!

QUEM ERA NEFERTITI?
De uma grande beleza, Nefertiti era a rainha do faraó Akhenaton.

Escultura de Nefertiti

O QUE HÁ DE SURPREENDENTE NO SARCÓFAGO DE TUTANCÂMON?
O fato de ter sido feito com 110 quilos de ouro!

Máscara funerária de Tutancâmon

HÁ QUANTO TEMPO FOI CONTRUÍDA A GRANDE PIRÂMIDE DE GIZÉ?
Há 4.500 anos!

QUANTO TEMPO DURAVA O PROCESSO DE MUMIFICAÇÃO?
Cerca de 70 dias.

QUAL É A IMPORTÂNCIA DA GRÉCIA ANTIGA?

As notáveis conquistas da antiga civilização grega em arte, arquitetura, política, ciência e filosofia exerceram uma influência significativa na civilização ocidental e continuam a desempenhar um papel importante até os dias de hoje. A revolução no pensamento e na criatividade, que ocorreu na Grécia, por volta de 700 a.C. a 480 a.C., teve um impacto monumental em todas as esferas da vida.

Ruínas do Templo de Atena Pronaia, em Delfos, Grécia

POR QUE OS GREGOS CONSTRUÍRAM TEMPLOS?

Os gregos reverenciavam os deuses e as deusas, acreditando em seus poderes especiais. Por isso, muitos templos foram erguidos para homenageá-los. Os visitantes frequentavam esses locais para orar, na esperança de que os deuses e as deusas atendessem aos seus desejos.

Curiosidade: POR QUE A ROMA ANTIGA É CONSIDERADA UMA GRANDE CIVILIZAÇÃO?

A civilização romana foi uma das mais poderosas da humanidade, com excelentes capacidades militares e políticas. Desde o seu início, como uma pequena cidade às margens do rio Tibre, no centro da Itália, no século VIII a.C., Roma tornou-se o centro de um vasto império que se estendeu pela Europa, Grã-Bretanha, Ásia Ocidental, Norte da África e ilhas do Mediterrâneo. O latim, idioma falado pela civilização romana, moldou diversas línguas europeias modernas, como o italiano, o francês, o espanhol, o português e o romeno. Além disso, devemos à Roma Antiga a adoção do alfabeto de 26 letras e o calendário de 12 meses usados hoje em dia.

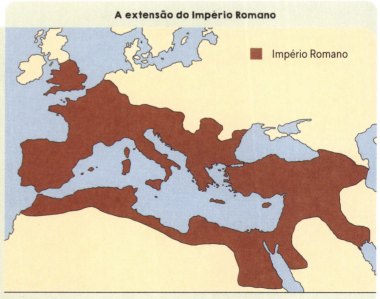

A extensão do Império Romano

HISTÓRIA ANTIGA 37

QUEM FUNDOU ROMA?

De acordo com a lenda, os irmãos gêmeos Rômulo e Remo, filhos do deus romano da guerra, Marte, foram amamentados e cuidados por uma loba que os encontrou, ainda bebês, abandonados em uma floresta. Quando os meninos cresceram, fundaram uma cidade no local, em 753 a.C. A cidade recebeu o nome de "Roma" em homenagem a Rômulo, seu primeiro governante.

Escultura de Rômulo, Remo e a loba

QUEM CRIOU OS JOGOS OLÍMPICOS?

Selo grego representando a antiga Olimpíada.

Em 776 a.C, os gregos iniciaram uma competição atlética na cidade de Olímpia, realizada a cada quatro anos. Atletas de toda a Grécia vinham para competir em diversas modalidades, como corrida, boxe e luta livre. Esse evento esportivo deu origem aos Jogos Olímpicos de hoje.

O QUE FEZ DE JÚLIO CÉSAR UM GRANDE GOVERNANTE?

A Roma Antiga era uma república onde os governantes eram eleitos pelo povo. Porém, tudo isso mudou em 45 a.C., quando Júlio César se autoproclamou governante supremo. Ele se tornou o primeiro ditador romano e, com seu poder militar extremo e enorme riqueza, iniciou uma nova era no Império Romano.

QUIZ rápido!

O QUE É A MURALHA DE ADRIANO?

Construída no Norte da Grã-Bretanha, por ordem do imperador Adriano, de Roma, a muralha guardava as fronteiras do Império Romano.

Muralha de Adriano

A GRÉCIA ANTIGA ERA FASCINADA POR TEATRO?

Sim, os gregos antigos construíram teatros em quase todas as cidades. Alguns desses espaços podiam acomodar milhares de pessoas.

Anfiteatro em Delfos, Grécia

Estátua de bronze de Júlio César, em Roma, Itália

QUEM FORAM OS INCAS?

Nos séculos XV e XVI a.C., os incas dominavam um vasto reino nas montanhas dos Andes, na América do Sul. Seu poderio militar era supremo. O Império Inca abrangia as atuais regiões do Peru, Equador, Bolívia, Chile e noroeste da Argentina. Estendia-se por 3.500 quilômetros, abrigando 12 milhões de pessoas e 100 grupos étnicos diferentes. Toda a região era interligada por um sistema de estradas excepcional.

Antiga cidadela maia em Tikal, Guatemala

QUEM FORAM OS MAIAS?

Eles foram a civilização mais dominante no México e na América Central, datando de 1.800 a.C. Durante o período áureo da civilização maia, por volta de 250 d.C. havia aproximadamente 40 cidades altamente desenvolvidas.

Máscara maia esculpida à mão

Curiosidade:
QUEM FORAM OS ASTECAS?

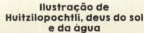

Ilustração de Huitzilopochtli, deus do sol e da água

Os astecas, também chamados de *tenochca*, governaram o império mais populosos no século XV a.C. A extensão do território desse império abrangia a área que equivale ao atual centro e sul do México. Originários de uma tribo de caçadores, os astecas se estabeleceram nas ilhas do lago Texcoco, fundando Tenochtitlán como sua capital. Por meio de um sistema agrícola altamente desenvolvido, construíram gradualmente um império muito próspero, que perdurou por mais de um século. Os astecas adoravam Huitzilopochtli, o deus do sol e da água. Todo homem asteca era um guerreiro, e os prisioneiros de guerra eram sacrificados em honra aos deuses.

HISTÓRIA ANTIGA | 39

O QUE HÁ DE ÚNICO NA ARTE ASTECA?

A arte e o artesanato asteca, ou mexica, eram notavelmente detalhados e bonitos. Os astecas produziam enormes esculturas de deuses em pedra e madeira. Peças menores eram esculpidas em jade e quartzo, com detalhes de turquesa e madrepérola. Apesar de não conhecerem a roda de oleiro, os astecas eram hábeis ceramistas. Além disso, adornavam cocares e escudos militares com penas de pássaros coloridas e brilhantes.

Escultura asteca de um crânio

OS MAIAS CONSTRUÍRAM PIRÂMIDES?

Os templos construídos pelos maias no centro de suas cidades tinham o formato de pirâmides. Um exemplo notável é o El Castillo, também conhecido como Templo de Kukulkán, em Chichén Itzá, no Yucatán, México. A estrutura do lugar é feita de pedra e tem 365 degraus que conduzem até o topo do templo. Além disso, lá em cima, havia também um observatório astronômico.

El Castillo, em Chichén Itzá

Galeões como este trouxeram os espanhóis para a América do Sul.

QUIZ rápido!

QUAL É O SÍTIO INCA MAIS IMPORTANTE?

Machu Picchu, localizado na Cordilheira dos Andes, no Peru.

Machu Picchu, no Peru

POR QUE A LHAMA FOI TÃO IMPORTANTE PARA OS INCAS?

A lhama é um animal semelhante ao camelo, bem adaptado a climas frios e a ventos fortes. Além de fornecer lã aos incas, também era usada como animal de carga.

Lhama em meio à vegetação

O QUE É NAUATLE?

É a língua asteca, da qual muitas palavras se originam, tais como: chilli, chocolate e guacamole.

POR QUE O PODER DESSAS CIVILIZAÇÕES TERMINOU?

Quando os exploradores espanhóis chegaram à América do Sul, trouxeram doenças, como a varíola, para as quais a população nativa não tinha imunidade, resultando em uma devastadora mortalidade. Além disso, os espanhóis atacaram os nativos em busca de ouro e riquezas e, depois, estabeleceram colônias, conquistando de vez a região.

EM QUE PERÍODO OCORREU A IDADE MÉDIA?

Após a queda do Império Romano, em 476 d.C., e antes da Renascença, no século XIV, há um período chamado de Idade Média. Nessa época, reis, rainhas e nobres governavam diferentes territórios, enquanto as pessoas comuns enfrentavam a pobreza.

Pintura mostrando o rei, médicos (com máscaras) e monges, todos indefesos diante da Peste Negra.

O QUE FOI A PESTE NEGRA?

A peste negra, também conhecida como peste bubônica, era uma doença que ceifou a vida de aproximadamente de 25 milhões de pessoas na Europa, entre 1347 e 1351. A peste se propagou facilmente entre as pessoas, causando um aumento alarmante nas mortes, principalmente nas cidades superlotadas. A doença era muito temida porque pessoas aparentemente saudáveis podiam ir para a cama à noite e serem encontradas mortas pela manhã.

Curiosidade: QUEM FOI A RAINHA VIRGEM?

De 1558 a 1603, Elizabeth I reinou sobre a Inglaterra. Num período em que muitos acreditavam que as mulheres eram incapazes de governar, Elizabeth desafiou essas convenções ao nunca se casar e, por isso, recebeu o apelido de Rainha Virgem. Sua liderança foi marcada por um período de ascensão política, comercial artística - considerada o auge do Renascimento inglês. Apesar da ameaça quase contínua à sua posição por parte dos próprios nobres, Elizabeth uniu o país contra potências estrangeiras. Seu poder era tão grande que o século XVI na Inglaterra é lembrado como a Era Elisabetana.

Pintura da rainha Elizabeth I

COMO ERA A VIDA RURAL NA IDADE MÉDIA?

Na Idade Média na Europa, prevalecia a organização da sociedade em torno dos feudos – terras concedidas pelos reis aos nobres. Os camponeses sem terra, chamados servos, trabalhavam nesses feudos, vivendo em condições de pobreza, pois a maior parte das colheitas produzidas era destinada aos nobres e ao rei em forma de imposto.

HISTÓRIA ANTIGA | 41

COMO OS CAVALEIROS SE PROTEGIAM?

Durante a Idade Média, era costume treinar os homens de famílias nobres para se tornarem cavaleiros, com o objetivo de lutar e liderar soldados em batalhas. No ano 1000, os cavaleiros usavam túnicas simples feitas de cota de malha. Por volta de 1450, eles passaram a usar armaduras completas, compostas de placas de metal moldadas. A armadura da nobreza de alto escalão era frequentemente decorada com padrões gravados ou ouro polido.

Um cavaleiro com armadura

QUE TIPO DE EDIFÍCIO FOI CONSTRUÍDO NA IDADE MÉDIA?

Na Idade Média, foram erguidas grandiosas catedrais. Também foi introduzido o estilo arquitetônico gótico, no qual os edifícios tinham janelas amplas e altas, tetos pontiagudos e arcos. O interior das construções era adornado com pinturas nas paredes e mosaicos, além de quadros pintados.

Fachada gótica da catedral de Colônia, na Alemanha

QUIZ rápido!

O QUE É A NOTRE-DAME?
Uma catedral católica de estilo gótico em Paris, na França, construída em 1160.

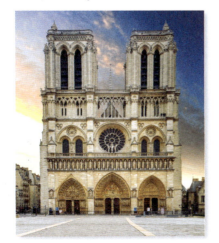
Fachada da catedral de Notre-Dame, na França

QUEM VIVEU EM CASTELOS?
Os senhores e nobres residiam em grandes e fortes castelos de pedra, situados no topo das colinas, pois essa localização era estratégica para se proteger do ataque de inimigos.

Vista do Castelo Gravensteen, na Bélgica

ERA POSSÍVEL CONQUISTAR O TÍTULO DE CAVALEIRO?
Sim, fosse por bravura em batalha ou por meio de um treinamento bem-sucedido sob tutela de outro cavaleiro.

ÁFRICA E ÍNDIA

COMO O COMÉRCIO E A CULTURA EVOLUÍRAM NA ÁFRICA?

Entre 750 e 1.500 d.C., o comércio e a cultura na África se desenvolveram, tornando o continente um dos mais ricos da época. Os comerciantes africanos estabeleceram rotas comerciais até a Índia e o Sudeste Asiático. Produtos valiosos como ouro, marfim, ébano e até pessoas escravizadas dos reinos da África Ocidental de Gana, Mali e Songai, eram negociados por sal e cobre.

Uma pepita de ouro da África

QUEM ERAM OS MOGÓIS?

O Império Mogol (não confundir com Mongol) dominou grande parte do subcontinente indiano durante o período medieval posterior. O império foi fundado por Babur, um líder turco-mongol, e expandido por seus descendentes, como Akbar e o Xá Jahan, após muitas vitórias militares. O período Mogol foi de grande riqueza e esplendor cultural.

Ilustração do Imperador Xá Jahan

Curiosidade:
QUAL CIDADE AFRICANA ABRIGAVA UMA FAMOSA UNIVERSIDADE?

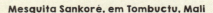

Tombuctu, no centro do Mali, foi o lar da famosa Universidade de Sankoré, conhecida especialmente por sua vasta biblioteca, que abrigava quase 70 mil manuscritos. Sob o reinado de Sundiata Keita, também chamado de "Rei Leão", o Mali prosperou, acumulando riquezas, ouro e um estilo de vida luxuoso graças ao comércio. Às margens do rio Niger, Tombuctu tornou-se um importante centro para estudantes e professores muçulmanos. Havia várias mesquitas para a prática e o estudo da fé, bem como mercados dedicados ao comércio de livros manuscritos.

Mesquita Sankoré, em Tombuctu, Mali

HISTÓRIA ANTIGA | 43

QUIZ rápido!

ONDE FICA O TEMPLO DOURADO?

Em Amritsar, no estado do Punjab, Índia. Essa construção é o principal santuário da religião Sikh.

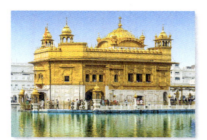

Templo Dourado, em Amritsar

O QUE SÃO DHOWS?

São navios comerciais do Leste da África.

Navio *dhow* no mar.

PELO QUE FICOU FAMOSA A DINASTIA CHOLA DO SUL DA ÍNDIA?

Por seu poder naval e suas esculturas de bronze.

QUEM GOVERNOU A ÍNDIA DURANTE O PERÍODO MEDIEVAL?

O período medieval na Índia, que se estendeu de cerca de 750 a 1.750 d.C., foi marcado pelo domínio de várias dinastias. Entre elas estavam os Rajaputes, o Sultanato de Deli, Palas, Chaluquias e Pallavas, entre outros. Cada um controlava a própria região e travava batalhas por controle territorial e riquezas.

Parte das ruínas da capital Chaluquia, em Badami - Índia

O QUE FOI A GRANDE ZIMBÁBUE?

Entre os séculos XIII e XV, foi a capital de um império africano que se estendeu por onde é hoje Botswana, Zimbábue e Moçambique. A enorme fortaleza da cidade tinha torres e muralhas de pedra, cujos vestígios ainda podem ser vistos. Em seu auge, estima-se que a cidade tenha abrigado 20 mil pessoas.

Fortaleza da Grande Zimbábue

O QUE É O TAJ MAHAL?

É o exemplo mais célebre da arquitetura mogol na Índia. Construído pelo imperador Xá Jahan, no século XVII, com o objetivo de ser a tumba de sua amada esposa Mumtaz, é uma estrutura feita de mármore branco puro, decorada com ouro e pedras semipreciosas. A construção envolveu 20 mil trabalhadores e levou 22 anos para ser concluída.

Taj Mahal na cidade de Agra, Índia

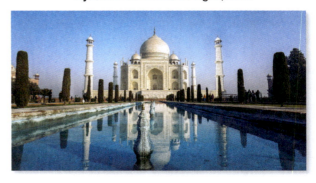

QUEM ERAM OS MONGÓIS?

O planalto da Mongólia, na Ásia Central, abrigava diversas tribos nômades com uma língua e cultura em comuns, conhecidas como mongóis. Eles tinham habilidades admiradas como guerreiros, cavaleiros e arqueiros. Sob o comando de Gengis Khan, em 1206, derrotaram exércitos no Irã, na Rússia, na Europa Oriental e na China, a fim de construir o Império Mongol.

Gengis Khan

QUEM ERAM OS CITAS?

Os citas eram nômades que migraram da Ásia Central para o Oeste entre os séculos VIII e VII a.C. Eles construíram um império rico e poderoso na região, que hoje corresponde à Crimeia, mantendo-se por muitos séculos no local.

Ilustração de arqueiro cita

Curiosidade: POR QUE GENGIS KHAN FOI UMA PESSOA TÃO NOTÁVEL?

Gengis Khan, imperador dos mongóis, é lendário não apenas entre os mongóis, mas também em todo o mundo. Ele selecionava seus melhores homens com base no mérito, e não na linhagem, sendo tolerante com todas as religiões. Muitas vezes, ele oferecia aos seus inimigos a opção de se renderem e assinarem um tratado de paz, porém, se eles resistissem, o imperador era implacável, podendo destruir a tribo inteira. Khan criou um sistema postal altamente eficiente, chamado "Yam". Além disso, ele era um gênio militar e um líder brilhante, que estabeleceu um dos maiores impérios da história.

O Império Mongol
- na morte de Gengis Khan, em 1227
- na sua maior extensão, em 1279

HISTÓRIA ANTIGA

QUEM FOI ALEXANDER NEVSKY?

Ele era o grão-príncipe que defendeu a Rússia. Além disso, era um hábil diplomata e soldado russo que colaborou com os mongóis para derrotar os cavaleiros suecos e alemães. Isso impediu a invasão da Rússia pelo mundo ocidental durante a Batalha do Neva, em 1240, e a Batalha do Gelo, em 1242.

Monumento a Alexander Nevsky e seus soldados

MOSCOU SEMPRE FOI UMA CIDADE PODEROSA?

Por volta do ano 1200, durante o domínio mongol na Rússia, Moscou era uma pequena cidade comercial e um centro de arrecadação de impostos. Em 1326, com a mudança do chefe da Igreja Ortodoxa Russa para Moscou, a cidade se tornou o centro do poder. Ao longo do tempo, os príncipes locais expandiram sua influência para as áreas vizinhas.

O Kremlin em Moscou

QUEM FICOU CONHECIDO COMO "O TERRÍVEL"?

Ivan IV, que ascendeu ao trono como cézar a Rússia em 1547. Ele foi um governante implacável, conhecido por eliminar qualquer pessoa que se opusesse a ele, incluindo o próprio filho, que atacou em um acesso de raiva. Os nobres e o exército trabalharam para controlar as rebeliões no reino de Ivan, e foram recompensados pela lealdade ao serviço.

Estátua de Ivan, o Terrível.

QUIZ rápido!

QUAL CULTURA E RELIGIÃO MAIS INFLUENCIAM A RÚSSIA?

A cultura bizantina e o cristianismo ortodoxo oriental.

Catedral de São Basílio em Moscou, Rússia

QUAL ERA O NOME ORIGINAL DA RÚSSIA?

Rus de Kiev, onde Kiev era a capital. *Rus* derivava do nome de uma tribo viking ou eslava que estabeleceu o primeiro estado russo no século IX.

QUEM ERAM OS COSSACOS?

Eram pessoas que viviam ao norte dos mares Báltico e Cáspio, sendo famosos por serem excelentes soldados.

ILHAS DO OCEANO PACÍFICO

ONDE ESTÁ LOCALIZADA A OCEANIA?

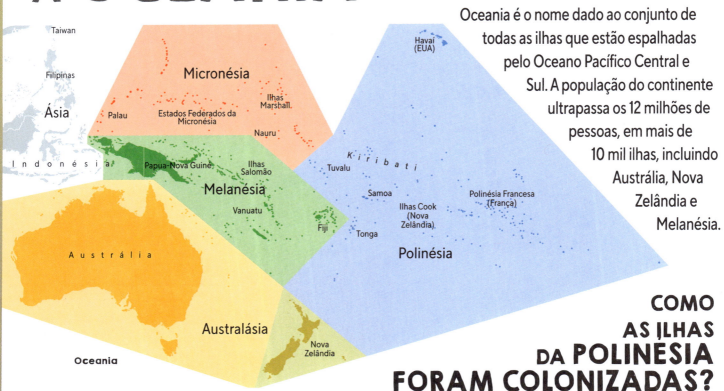

Oceania é o nome dado ao conjunto de todas as ilhas que estão espalhadas pelo Oceano Pacífico Central e Sul. A população do continente ultrapassa os 12 milhões de pessoas, em mais de 10 mil ilhas, incluindo Austrália, Nova Zelândia e Melanésia.

COMO AS ILHAS DA POLINÉSIA FORAM COLONIZADAS?

No início do século XIX, os primeiros missionários cristãos desembarcaram na região, marcando o início da era da colonização. Potências como Grã-Bretanha, França, Alemanha, Nova Zelândia, Estados Unidos e Chile colonizaram todas as ilhas da área, desencadeando um período de resistência para os povos nativos que lutavam para preservar sua cultura e seu estilo de vida tradicionais.

Curiosidade: A POLINÉSIA É UMA ILHA?

A Polinésia é uma área triangular localizada no centro-leste do Oceano Pacífico, delimitada por ilhas havaianas ao norte, Nova Zelândia (Aotearoa) a oeste, e Ilha de Páscoa (Rapa Nui) a leste. Dentro dessa área, também existem inúmeras ilhas menores. As pessoas se estabeleceram por lá há cerca de 3 mil anos. As condições hostis nas ilhas fizeram dos colonos excelentes marinheiros, pescadores e agricultores, pois precisavam trabalhar arduamente para aproveitarem ao máximo os recursos disponíveis. Além disso, como mostram as suas belas esculturas em madeira, também eram incríveis artesãos.

Esculturas antigas em uma praia, no estilo polinésio.

HISTÓRIA ANTIGA | 47

COMO OS POLINÉSIOS ATRAVESSARAM O OCEANO PACÍFICO?

Construção de uma canoa

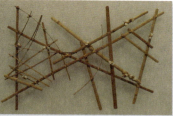
Mapa de navegação da Micronésia feito com galhos

Estabelecidos em ilhas no meio do oceano, os polinésios desenvolveram excelentes habilidades de construção de barcos e na navegação. Por meio do estudo das ondas e das estrelas, e com o auxílio de mapas elaborados com galhos e conchas, eles atravessaram o Oceano Pacífico remando em grandes canoas.

QUAL FOI O TRATADO DE WAITANGI?

O Tratado de Waitangi, assinado em 6 de fevereiro de 1840, entre os chefes Maori da Nova Zelândia e os britânicos, foi um acordo que concedeu à rainha da Inglaterra o direito de governar a Nova Zelândia. No entanto, foi estipulado que a propriedade da terra seria mantida pelos Maori. Ao século XX, depois de muitos conflitos, os britânicos acabaram assumindo o controle majoritário das ilhas.

Foto de uma página do tratado de Waitangi

Homem maori da Nova Zelândia

QUEM ERA KAMEHAMEHA I?

Também chamado de Kamehameha, o Grande, foi um rei poderoso e astuto que unificou as ilhas havaianas no fim do século XVIII e início do século XIX. Kamehameha proibiu o sacrifício humano, uma prática tradicionalmente realizada para fortalecer o poder do rei. Além disso, promoveu o comércio de sândalo, o que trouxe prosperidade às ilhas.

Estátua do líder Kamehameha

QUIZ rápido!

QUEM É KU-KA'ILI-MOKU?
O deus havaiano da guerra.

Deus havaiano Ku-ka'ili-moku

QUANTO MEDIAM AS CANOAS POLINÉSIAS?
Cerca de 30 a 45 metros de comprimento.

Canoa samoana

EM QUAL LOCAL DA POLINÉSIA AS PESSOAS SE ESTABELECERAM PELA PRIMEIRA VEZ?
Nas ilhas de Wallis, Futuna, Samoa e Tonga.

QUANTAS LÍNGUAS SÃO FALADAS NA POLINÉSIA?
Aproximadamente 30, incluindo samoano, maori, taitiano, havaiano e tonganês.

A REVOLUÇÃO INDUSTRIAL

O QUE FOI A REVOLUÇÃO INDUSTRIAL?

A Revolução Industrial foi um marco histórico no século XVIII, na Grã-Bretanha, principalmente por introduzir a produção em grande escala por meio de máquinas, o que transformou profundamente a sociedade humana. Esse período provocou uma mudança significativa na dinâmica das cidades, pois as pessoas abandonaram o estilo de vida agrícola para trabalhar nas fábricas das cidades. A industrialização não só mudou o sistema de produção, mas também influenciou diretamente o tipo de produtos fabricados e seus custos. Tudo isso teve um enorme impacto no modo de vida das pessoas viviam e, de fato, redefiniu o mundo. Por esse motivo, é chamada de Revolução Industrial.

Pessoas trabalhando em uma linha de montagem mecanizada.

QUEM TRABALHOU NAS PRIMEIRAS FÁBRICAS?

Em meados de 1700, as primeiras fábricas começaram a ser construídas na Grã--Bretanha. As máquinas eram propriedade de empresários poderosos, conhecidos como industriais, que empregavam pessoas para operar o maquinário e remuneravam pelas horas trabalhadas. As fábricas têxteis foram as primeiras a erem criadas, resultando na contratação de muitas mulheres e crianças.

Sala de confecção de uma fábrica têxtil, em Massachusetts, Estados Unidos

QUIZ rápido!

QUEM INVENTOU O MOTOR A VAPOR?

Várias pessoas contribuíram para sua criação, mas James Watt teve um papel fundamental.

Gravura de James Watt.

O QUE FOI A LOCOMOTIVA ROCKET?

Uma poderosa locomotiva a vapor construída por George Stephenson, em 1829.

Locomotiva Rocket

QUANDO FOI INTRODUZIDA A DESCARGA DE VASO SANITÁRIO?

No século XIX, em Londres, Inglaterra.

SOCIEDADE MODERNA | 49

AS CRIANÇAS TRABALHAVAM NAS FÁBRICAS?

Sim, as crianças trabalhavam até 16 horas por dia em fábricas e minas. Elas eram expostas a vapores químicos e a pó de carvão e, por causa disso, houve muitas mortes provocadas por acidentes ou péssimas condições de trabalho. Somente em 1802, o governo britânico aprovou leis para proteger as crianças trabalhadoras.

Crianças tralhando em uma oficina.

POR QUE A REDE DE ESGOTO E OS BANHEIROS ERAM TÃO IMPORTANTES?

Com o aumento da população nas cidades industriais, a construção de moradias ocorreu de forma rápida e econômica para acomodar a todos. Infelizmente, as instalações sanitárias e o saneamento foram negligenciados. Os resíduos eram recolhidos e despejados em rios próximos, o que levou ao surgimento de epidemias e doenças frequentes até que a higiene adequada fosse implementada.

Curiosidade: COMO AS FERROVIAS MUDARAM O MUNDO?

Locomotiva a vapor percorrendo trilhos.

A partir do século XVI, carroças puxadas por cavalos sobre trilhos de madeira eram usadas para transportar carvão e pedras das minas, mas a invenção do motor a vapor provocou grande transformação nesse cenário. Os motores a vapor impulsionando carruagens sobre trilhos de metal poderiam transportar matérias-primas e mercadorias com mais rapidez, ajudando a expansão do comércio e da indústria. Com um meio de transporte mais ágil, mais acessível e mais eficiente, os produtos agora podiam chegar a novos destinos. Por exemplo, produtos agrícolas frescos poderiam ser entregues nas cidades, algo anteriormente inviável. Além disso, os trens de passageiros agilizaram o deslocamento de um grande número de pessoas para destinos distantes.

A GRÃ-BRETANHA TENTOU MANTER SEUS AVANÇOS TECNOLÓGICOS EM SEGREDO?

Sim, ao perceber o grande potencial de suas máquinas e seus métodos, a Grã-Bretanha tentou manter o uso de seu maquinário em segredo. No entanto, a espionagem industrial e o contrabando de máquinas eram comuns. Em decorrência disso, não demorou muito para que outros países europeus criassem as próprias fábricas e redes ferroviárias.

Maquinário industrial pesado

O QUE É A IDADE MODERNA?

O século XX foi marcado por mudanças profundas e significativas. Após o término da Primeira Guerra Mundial, uma era de inovação técnica surgiu, embora tenha sido acompanhada pelo desenvolvimento de armas mais potentes, desencadeando conflitos ainda mais devastadores, como o horror das bombas atômicas. Enquanto a humanidade conquistava o espaço e alcançava a Lua, milhões de pessoas na Terra ainda enfrentavam desafios de fome e pobreza.

Astronauta andando na Lua.

Curiosidade:
QUAIS INVENÇÕES DA IDADE MODERNA MUDARAM O MUNDO?

Colossus

Uma série de descobertas e inovações moldaram o mundo profundamente. As cabines pressurizadas, desenvolvidas em 1944, possibilitaram viagens aéreas em altitudes elevadas e por longas distâncias. A descoberta da penicilina, em 1928, revolucionou o tratamento de infecções, salvando inúmeras vidas. O foguete V2 marcou o início da era espacial, enquanto o radar melhorou a detecção e prevenção de ataques. Apesar de sua natureza devastadora, a primeira bomba atômica impulsionou o desenvolvimento da energia nuclear. Depois, houve a invenção do primeiro computador, o Colossus, e as sucessivas versões que transformaram radicalmente a sociedade

O QUE FOI A GUERRA FRIA?

Durante as décadas de 1940 a 1980, os Estados Unidos, capitalistas, e a União Soviética – URSS (agora Rússia), comunista, enfrentaram-se em um período conhecido como Guerra Fria. Ambos tinham opiniões políticas contrastantes e se opunham. Embora essas potências nunca tenham se confrontado diretamente, a desconfiança entre os dois países desencadeou conflitos em todo o mundo.

Representação das tensões da Guerra Fria

A SOCIEDADE MODERNA

O QUE FOI A GRANDE MARCHA?

A Grande Marcha, iniciada em outubro de 1934, foi uma jornada épica liderada por Mao Tsé-tung, na qual cerca de 100 mil comunistas chineses enfrentaram grandes dificuldades e fome ao percorrerem quase 8 mil quilômetros pelo país. A Grande Marcha chegou ao fim em outubro de 1935. Durante essa jornada, eles angariaram apoio popular, culminando na ascensão de Mao ao poder como líder incontestável da China em 1949.

Estátua de Mao Tsé-tung

QUEM LANÇOU A PRIMEIRA BOMBA ATÔMICA?

Em 6 de agosto de 1945, os Estados Unidos, com apoio de seus aliados, lançaram a primeira bomba atômica sobre a cidade japonesa de Hiroshima, encerrando a Segunda Guerra Mundial. Esse evento terrível resultou na morte instantânea de 70 mil pessoas e mais de 100 mil morreram até o fim daquele ano devido aos efeitos da radiação. Os impactos desse trágico evento continuaram afetando a população por muitos anos.

Cidade de Hiroshima após o bombardeio dos Estados Unidos

QUEM ELABOROU OS PLANOS QUINQUENAIS?

Josef Stalin, líder do Partido Comunista Soviético de 1924 a 1953, implementou os Planos Quinquenais para reorganizar, industrializar e desenvolver a União Soviética. Sob sua liderança, milhares de fábricas foram desenvolvidas e grandes fazendas agrícolas coletivas foram estabelecidas.

Gravura de Josef Stalin

QUIZ rápido!

QUEM FOI BUZZ ALDRIN?

Foi o segundo homem a pisar na Lua, logo após Neil Armstrong.

Buzz Aldrin posa com traje de astronauta.

QUAL ERA O NOME DA PRIMEIRA BOMBA ATÔMICA?

A primeira bomba atômica foi chamada de "Little Boy" (garotinho, em português) e foi lançada de um bombardeiro B-29 chamado Enola Gay.

Modelo da "Little Boy"

QUAIS ERAM OS DOIS PAÍSES LÍDERES NA CORRIDA ESPACIAL?

Os dois países líderes na corrida espacial eram os Estados Unidos e a União Soviética.

Bandeiras dos Estados Unidos e da União Soviética

TIPOS DE GOVERNO

O QUE É UM GOVERNO?

Um governo é formado por um conjunto de pessoas responsáveis por estabelecer as leis e os regulamentos que governam um país. Essas leis abrangem desde o funcionamento das empresas até o de escolas e hospitais, estabelecendo limites para o comportamento dos cidadãos. A diversidade de formas de governo ao redor do mundo reflete as distintas histórias e culturas de cada nação.

As Casas do Parlamento Britânico (Palácio de Westminster), em Londres, Inglaterra

O QUE É UM CHEFE DE ESTADO?

O chefe de estado, seja um rei, uma rainha ou um presidente eleito, é a figura mais importante de um país, responsável por representar a nação e participar de cerimônias diplomáticas com outras nações.

Carreata de um chefe de estado

Curiosidade: QUAIS SÃO OS VÁRIOS TIPOS DE GOVERNO?

Democracia
Ditadura
Aristocracia
Monarquia

Tipos de governo

Existem quatro tipos principais de governo. Na aristocracia, o poder é determinado pela riqueza ou pela posse de terras, permitindo que alguns estabeleçam as regras para os demais. Na monarquia, o rei ou a rainha detém o poder supremo. Em uma democracia, o povo governa a si mesmo, escolhendo representantes para formar o governo. Alguns países são governados por ditadores, nos quais uma única pessoa tem o poder absoluto para tomar decisões, com ou sem o consentimento do povo ou do governo. Por fim, a anarquia é uma sociedade sem governo estabelecido.

SOCIEDADE MODERNA | 53

O QUE SÃO CAPITALISMO, SOCIALISMO E COMUNISMO?

O capitalismo é um sistema econômico centrado no crescimento e na geração de riqueza, permitindo que as pessoas desenvolvam negócios, empreguem trabalhadores e vendam produtos pelo melhor preço possível. As empresas competem entre si para obter mais lucro. No socialismo, os trabalhadores são proprietários dos meios de produção, e os lucros são frequentemente coletados pelo governo e distribuídos entre todos. Já no comunismo, o governo é dono e controla os meios de produção e busca garantir um padrão de vida mínimo para todos os cidadãos, independentemente de sua renda.

Pintura com a representação da Guerra da Independência dos Estados Unidos

QUIZ rápido!

QUEM ERA A RAINHA ELIZABETH II?

A Rainha Elizabeth II foi uma monarca do Reino Unido.

Elizabeth II

O QUE É UM PARLAMENTO?

Um parlamento é um local onde os membros do governo se reúnem para discutir, aprovar e rejeitar propostas políticas.

Sessão parlamentar em andamento

QUAL É A FAMÍLIA REAL MAIS ANTIGA DO MUNDO?

A família real japonesa detém essa honra, com uma linhagem de 125 imperadores reinantes ao longo de mais de 2.500 anos!

Imperador Naruhito e Imperatriz Masako do Japão

COMO ALGUÉM SE TORNA REI OU RAINHA?

Em geral, por direito de nascimento.

O QUE É UMA REPÚBLICA?

Uma república é um país que não tem um rei ou rainha como chefe de estado. Um exemplo é a França, que se tornou uma república após a execução de seu rei durante a Revolução Francesa, há mais de 200 anos. Da mesma forma, os Estados Unidos aboliram o domínio do rei britânico durante a Guerra da Independência, de 1776 a 1783.

POR QUE AS LEIS VARIAM ENTRE OS PAÍSES?

Eleitores em um local de votação, Grã-Bretanha

As leis são um conjunto de regras que governam os cidadãos de um país. Elas são moldadas pelas estruturas políticas, religiosas, financeiras e sociais de uma nação, junto com sua cultura e tradições. As regras são criadas pelos governos e legisladores e podem mudar ao longo do tempo, conforme a liderança do governo.

EM QUE LUGAR DO MUNDO OS JUÍZES USAM PERUCAS?

Na Grã-Bretanha, os juízes usam perucas grandes e antiquadas. Essa prática remonta ao século XVII, quando as perucas eram símbolo de status na lta sociedade. Embora tenham saído de moda no século XVIII, os tribunais britânicos continuaram a usá-las, especialmente em cerimônias formais reservadas às mais altas autoridades legais.

Juiz com peruca

Curiosidade: QUEM INTRODUZIU A DEMOCRACIA?

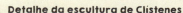

Detalhe da escultura de Clístenes

A palavra "democracia" tem origem no grego antigo, em que "*demos*" significa "pessoas comuns" e "*kratos*" significa "poder". No século VI a.C., Clístenes, um estadista ateniense, introduziu esse sistema político reformulado em Atenas. Regidos por esse sistema, todos os cidadãos atenienses tinham o direito de participar da assembleia e de votar na elaboração das leis. No entanto, mulheres, cidadãos com menos de 20 anos, escravizados e estrangeiros não tinham direito de voto.

SOCIEDADE MODERNA

O QUE É DIREITO INTERNACIONAL?

Embora cada país tenha as próprias leis para seus cidadãos e estrangeiros, existem regras, padrões e normas legais acordadas em conjunto pela maioria dos países soberanos do mundo. Isso é chamado de direito internacional, que regula assuntos como diplomacia, direitos humanos, comércio, guerra e até viagens espaciais.

Tribunal Internacional de Justiça, em Haia, Holanda

QUAL É O PARLAMENTO MAIS ANTIGO DO MUNDO?

O parlamento mais antigo do mundo está na Islândia. Chamado de Althing, foi fundado pelos vikings em 930 d.C., em Thingvellir, no sudoeste da Islândia. O Althing funcionou em Thingvellir até 1798 e hoje é considerado Patrimônio Mundial da Unesco.

Local do parlamento mais antigo, em Thingvellir, Islândia

EXISTE UM DIA ESPECÍFICO PARA AS ELEIÇÕES EM CADA PAÍS?

Muitos países preferem realizar suas eleições aos domingos, mas cada um tem o próprio dia de votação. Por exemplo, na Grã-Bretanha, as eleições são realizadas às quintas-feiras, na Austrália e na Nova Zelândia, aos sábados, enquanto no Canadá, a votação é realizada às segundas-feiras. Nos Estados Unidos, por lei, a terça-feira é o dia oficial de votação.

QUIZ rápido!

EM QUAL PAÍS É OBRIGATÓRIO VOTAR APÓS OS 18 ANOS?

Na Austrália, se alguém não votar, pode receber multa e enfrentar acusações criminais. No Brasil, o voto também é obrigatório.

Eleitores no local de votação na Austrália

EM QUE LUGAR DO MUNDO É ILEGAL SUBIR EM ÁRVORES?

Em Oshawa, no Canadá, é contra a lei subir em árvores em áreas municipais.

EM QUE PAÍS É ILEGAL MASCAR CHICLETE?

Em Singapura.

O QUE É MOEDA?

Moeda é o meio de troca oficial de um país, geralmente disponível na forma de notas de papel e moedas. É utilizada para adquirir bens e serviços e costuma ser emitida pelo governo de cada nação. Exemplos incluem o iene japonês, o dólar americano, a libra esterlina, o tugrik mongol, o ngultrum do Butão e o real brasileiro. Ao viajar para outro país, é necessário levar a moeda local para transações.

Notas de dinheiro de vários países

O QUE ERA A ROTA DA SEDA?

A Rota da Seda foi uma antiga rota comercial que conectava a China ao Mediterrâneo, passando pela Ásia Central. Recebeu esse nome devido ao comércio das luxuosas sedas chinesas que eram altamente valorizadas na Europa. Além de seda, a rota facilitava o transporte de especiarias, chá e uma variedade de produtos entre o Oriente e o Ocidente.

Mapa da antiga Rota da Seda

QUIZ rápido!

Pagamento com cartão de crédito

QUEM CRIOU O PRIMEIRO CARTÃO DE CRÉDITO?

John Biggins, um banqueiro do Brooklyn, em 1946.

Banco Monte dei Paschi di Siena, em Roma, Itália

QUAL É O BANCO MAIS ANTIGO DO MUNDO?

O Banco Monte dei Paschi di Siena, na Itália, opera desde 1472.

Bolsa de Valores de Nova Iorque em Wall Street, Manhattan, Estados Unidos

QUAL É A MAIOR BOLSA DE VALORES?

A Bolsa de Valores de Nova Iorque, onde ações de empresas são negociadas.

QUE PAÍS UTILIZOU PELE DE ANIMAL COMO MOEDA?

A Rússia.

SOCIEDADE MODERNA | 57

O QUE É FALSIFICAÇÃO DE DINHEIRO?

É a prática de fabricar e usar dinheiro falso para enganar pessoas. A adulteração de dinheiro existe desde os primórdios da utilização de moeda. Antigamente, moedas eram raspadas para coletar metais preciosos; hoje em dia, notas falsas são impressas. Governos adotam várias medidas de segurança, como marcas d'água e formas complexas de impressão para distinguir notas genuínas de falsificações.

Verificação da autenticidade de notas

ONDE AS PESSOAS FAZEM NEGÓCIOS?

Negócios são realizados em diversos locais, como mercados, lojas, escritórios e on-line. Cada vez mais transações comerciais são conduzidas pela internet.

Mercado em Lagos - Nigéria

O QUE É CONTRABANDO E POR QUE É ERRADO?

Em muitos países, há a imposição de imposto sobre as mercadorias importadas ou exportadas com propósito de venda. Além disso, existem certos produtos que não podem ser comercializados em determinados países. O contrabando ocorre quando essas leis são burladas e as mercadorias são transportadas para dentro ou fora do país secretamente. Por essa razão, o contrabando é ilegal e sujeito a punições legais.

Curiosidade: COMO O DINHEIRO MUDOU AO LONGO DO TEMPO?

O dinheiro, como meio de troca, simplificou o comércio ao longo da história. Ele substituiu os sistemas de troca direta, nos quais um bem era trocado por outro, como pão por batatas. Inicialmente, diversos itens foram utilizados como moeda, como conchas, pedras, miçangas e até dentes de tubarão. Moedas feitas de metais como cobre, chumbo, ouro e prata eram comuns em todo o mundo antigo. Há registros de moedas de 5.000 anos atrás. A China foi pioneira na utilização de papel-moeda, que se tornou popular devido à sua portabilidade. Nos Estados Unidos, as primeiras moedas de cobre foram cunhadas em 1793, enquanto o papel-moeda foi introduzido em 1862.

Moeda romana do século III d.C

TRANSPORTE

QUE MEIOS DE TRANSPORTE AS PESSOAS USAM?

Desde a invenção da roda, a humanidade tem avançado para meios de transporte cada vez mais sofisticados. Hoje, grandes navios, carros modernos, trens elétricos, aviões, ônibus, metrôs e uma variedade de veículos conduzem milhões de pessoas de um lugar para outro. Além disso, as pessoas exploram os oceanos em submarinos e o espaço com foguetes e naves espaciais.

Estação de metrô e trem, em Londres, Inglaterra

COMO VOCÊ PODE VIAJAR SOB OS ALPES SUÍÇOS?

Túneis ferroviários e rodoviários foram construídos sob os Alpes suíços para reduzir o tempo de viagem. Os túneis são escavados nas rochas utilizando enormes máquinas de perfuração. O Túnel de Base de São Gotardo, com 57 quilômetros de extensão, nos Alpes suíços, conecta as cidades suíças de Erstfeld e Bodio e é o túnel ferroviário mais longo do mundo.

QUIZ rápido!

Navio de cruzeiro

QUAL É A DIFERENÇA ENTRE TRANSPORTES MARÍTIMOS E NAVIOS DE CRUZEIRO?

Os transportes marítimos são utilizados para transportar pessoas e mercadorias entre locais, enquanto os navios de cruzeiro são utilizados para viagens de lazer.

Concorde, um modelo de aeronave

EXISTE ALGUMA AERONAVE QUE CONSEGUE ROMPER A BARREIRA DO SOM?

Sim, o modelo de aeronave Concorde. Ele voou entre 1976 e 2003, levando apenas três horas e meia para ir de Londres a Nova Iorque.

Rodotrem em uma estrada

ONDE ESTÃO LOCALIZADOS OS CAMINHÕES MAIS LONGOS DO MUNDO?

Na Austrália, onde existem reboques gigantes chamados "rodotrens".

SOCIEDADE MODERNA 59

QUAL É O MAIOR AVIÃO DE PASSAGEIROS DO MUNDO?

O Airbus A380. Esse jato quadrimotor pode transportar até 800 passageiros! Sua tecnologia moderna permite que ele libere rapidamente a pista após o pouso, além de reduzir a emissão de gases do efeito estufa. Devido ao alto custo de manutenção, novas aeronaves Airbus A380 não são mais fabricadas.

Airbus A380, um modelo de aeronave

ONDE É POSSÍVEL PEGAR UM "TREM PARA AS NUVENS"?

O *Tren a las Nubes*, ou "Trem para as Nuvens", parte de Salta, na Argentina, e chega ao planalto de Puna, nos Andes, viajando a até 4.220 metros acima do nível do mar, sobre o viaduto mais alto do mundo. Existem tanques de oxigênio a bordo, caso a altitude cause mal-estar.

O viaduto mais alto do mundo

ONDE OS BARCOS SÃO UTILIZADOS COMO MEIO DE TRANSPORTE COLETIVO?

Em Veneza, na Itália, os táxis aquáticos, ou ônibus aquáticos, chamados *vaporetti*, são usados como meio de transporte público. O *vaporetti* segue um horário programado e rotas com paradas definidas, permitindo que os passageiros se desloquem pela cidade.

Vaporetti em Veneza, Itália

Curiosidade: QUAL É A ESTRADA MAIS LONGA DO MUNDO?

Rota Panamericana pelo Deserto de Nazca, Peru

A Rota Panamericana é uma rede de rodovias, com 30 mil quilômetros de extensão, e conecta a América do Norte e a América do Sul. A rota passa por 14 países com climas e paisagens muito diferentes, incluindo selvas, desertos e montanhas.

CASAS PELO MUNDO

TODAS AS CASAS SÃO FEITAS DA MESMA MANEIRA?

As casas são estruturas construídas para proteger as pessoas do calor, do frio, da chuva, da neve, das tempestades e das inundações. Diferentes tipos de casas são construídos de acordo com o clima e as condições locais. A construção das casas também depende dos materiais disponíveis na região.

COMO SÃO AS CASAS NO ÁRTICO?

No Ártico, as pessoas precisam de proteção contra o frio extremo e as fortes tempestades. Os inuítes usam um método tradicional único para construir iglus com blocos de neve. Além de ser encontrada por toda a parte, a neve comprimida retém o calor e é um ótimo isolante. Os iglus são utilizados principalmente como abrigos temporários para caçadores.

Iglu

Curiosidade: DO QUE AS CASAS SÃO FEITAS?

Os seres humanos desenvolveram a habilidade de construir casas utilizando uma ampla variedade de materiais. Elas podem ser feitas de barro, pedra, ardósia, pedregulhos, tijolos, galhos, juncos, vigas de aço, chapas de ferro, concreto, vidro, madeira, palha, grama, gelo, bambu, peles de animais e muitos outros. Dependendo dos materiais, as casas diferem em tamanho, altura, durabilidade e conforto. Pode-se levar anos para construir uma casa, mas também é possível construir uma em 48 horas, utilizando tecnologia de impressão 3-D!

Castelo medieval de pedra, em Luxemburgo

SOCIEDADE MODERNA 61

POR QUE ALGUMAS CASAS SÃO CONSTRUÍDAS SOBRE PALAFITAS?

Em áreas frequentemente inundadas, as casas são erguidas sobre palafitas. Esse método permite que as casas sejam construídas próximas à água e até mesmo sobre lagos. Às vezes, as palafitas também são utilizadas para manter as casas elevadas, afastadas de animais perigosos e outras pragas. De Mianmar à Alemanha e Brasil, casas sobre palafitas podem ser encontradas em todo o mundo.

Casa sobre palafitas no Panamá

Casa moderna construída em concreto

O QUE SÃO CHALÉS?

Chalés são casas de montanha feitas de madeira. Eles possuem telhados robustos e inclinados para suportar o peso da neve e beirais largos para oferecer proteção. Originalmente encontrados na Suíça e na região alpina da Europa, os chalés foram concebidos como cabanas de pastores.

Chalé no inverno

AS PESSOAS VIVEM DEBAIXO DA TERRA?

Sim, em Coober Pedy, na Austrália. Nessa região, onde o verão é extremamente quente e o inverno é intensamente frio, as construções subterrâneas mantêm uma temperatura constante de 23°C. Os mineiros escavam a rocha em busca de opala e depois utilizam os espaços subterrâneos resultantes da mineração, chamados de abrigos, para construir casas de pedra e até mesmo igrejas.

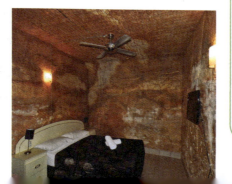

Casa subterrânea na Austrália

QUIZ rápido!

ONDE AS PESSOAS FAZEM CASAS DE JUNCO?

Nos pântanos do sul do Iraque. Essas casas são chamadas *mudhifs*.

Casa *mudhif* no Iraque

O QUE SÃO AS CASAS HANOK?

Elas são as casas tradicionais da Coreia.

Casa *hanok*

QUEM MORA EM IURTAS?

Os nômades da Ásia Central.

Iurta

MAIS FORMAS DE MORADIA

AS PESSOAS VIVEM EM TENDAS?

Uma tenda é um abrigo feito de tecido ou outro material, sustentado por estacas e cordas. Tradicionalmente, as tendas são utilizadas por pessoas que necessitam de abrigos temporários. Os aborígenes viveram em tendas em forma de cone e esse tipo de moradia também foi usado por soldados ao longo dos séculos.

Iurta no oeste da Mongólia

Curiosidade:
QUEM CONSTRUIU OS PRIMEIROS ARRANHA-CÉUS?

Horizonte de Chicago, Estados Unidos

Os arranha-céus são edifícios altos de vários andares que foram construídos pela primeira vez na década de 1880 nos Estados Unidos. No século XIX, à medida que as atividades comerciais cresciam, os arquitetos tentaram acomodar o maior número de pessoas possível em uma pequena área, expandindo os edifícios verticalmente. Os primeiros arranha-céus tinham cerca de nove andares de altura, apoiados em uma estrutura de ferro. Com tecnologias mais recentes, como estruturas de concreto, os prédios ficaram cada vez mais altos. Além de abrigarem escritórios, muitos arranha-céus também possuem apartamentos luxuosos.

ONDE AS PESSOAS VIVEM EM CHAMINÉS DE FADAS?

Na Capadócia, no centro da Turquia, as erupções vulcânicas criaram uma paisagem fascinante. As cinzas restantes, chamadas de tufo, endureceram e se transformaram em altos pilares com pontas em forma de cogumelo que pareciam chaminés. Esse processo levou milhões de anos. A população local aprendeu a esculpir o tufo macio e a construir casas e igrejas nessas "chaminés".

Chaminés de Fadas na Capadócia, Turquia

SOCIEDADE MODERNA 63

QUE PESSOAS MORAM EM CARAVANAS?

As caravanas tradicionais são carroças puxadas por cavalos. O povo cigano, principalmente na Europa, costuma ser nômade, migrando de acampamento em acampamento em caravanas. No entanto, atualmente muitos preferem lugares mais permanentes, como casas.

Um *vardo* (carroça cigana)

ONDE FICA A CIDADE AZUL?

Em Jodhpur, na Índia. Muitas casas dessa antiga cidade são pintadas de azul, pois acredita-se que essa cor reflete o calor, mantendo as residências frescas. A tinta, feita de uma mistura de sulfato de cobre e calcário, também ajuda a afastar insetos.

Uma rua na cidade de Jodhpur, Índia

O QUE HÁ DE ESPECIAL EM DJENNÉ?

A deslumbrante cidade de Djenné, no Mali, que remonta ao século XIV, abriga um palácio, um celeiro, uma mesquita e 2 mil casas de barro. Construídas com tijolos de barro pelos habitantes locais, essas casas estão situadas em colinas para protegê-las de inundações.

Grande Mesquita, em Djenné, Mali

QUIZ rápido!

AS CASAS PODEM SER FEITAS DE GARRAFAS?

Sim, há uma casa construída com garrafas de vidro na Colúmbia Britânica, no Canadá.

Casa de Vidro no Canadá

QUAL É O ARRANHA-CÉU MAIS ALTO DO MUNDO?

O Burj Khalifa, em Dubai, com 828 metros de altura, o que é mais que o dobro da Torre Eiffel, em Paris!

Burj Khalifa, em Dubai, nos Emirados Árabes

QUE TIPO DE CASA HÁ EM MATMATA, NA TUNÍSIA?

Casas-cavernas esculpidas em arenito.

Casa-caverna na Tunísia

O QUE SÃO CASAS GEODÉSICAS?

São moradias em formato de cúpula.

Cúpula geodésica